青少年足球科学训练方法

刘 强◎著

图书在版编目（CIP）数据

青少年足球科学训练方法 / 刘强著. -- 长春：吉林出版集团股份有限公司, 2024. 12. -- ISBN 978-7-5731-6111-6

Ⅰ.G843.2

中国国家版本馆 CIP 数据核字第 20248JR945 号

青少年足球科学训练方法
QINGSHAONIAN ZUQIU KEXUE XUNLIAN FANGFA

著　　者	刘　强
责任编辑	赵　萍
封面设计	谢婉莹
开　　本	710mm×1000mm　　1/16
字　　数	235 千
印　　张	12
版　　次	2025 年 3 月第 1 版
印　　次	2025 年 3 月第 1 次印刷
印　　刷	天津和萱印刷有限公司

出　　版	吉林出版集团股份有限公司
发　　行	吉林出版集团股份有限公司
地　　址	吉林省长春市福祉大路 5788 号
邮　　编	130000
电　　话	0431-81629968
邮　　箱	11915286@qq.com
书　　号	ISBN 978-7-5731-6111-6
定　　价	72.00 元

版权所有　翻印必究

前 言

随着人类社会的发展及文明程度的不断提高，足球运动从起初的"足球游戏""蹴鞠"逐步发展成为集智慧、激情、技巧、变化于一身的现代体育运动项目。

同其他体育运动一样，足球运动具有生理价值和心理价值，而且足球运动的意义已经不再只是局限在体育与游戏的范畴，在社会文化中也有着越来越多的体现。足球运动的很多社会文化因素，如个体与群体、人与生产工具、竞争与协作、沟通与交往、应变与创新等，为人类社会带来了巨大的经济效益，使人类文明得到了更为淋漓尽致的展现，这也使足球运动得到了非常快速的发展，成为有着巨大影响力和重要价值的社会文化活动。

现如今，竞技体育获得飞速发展，很多体育项目走上产业化和职业化的发展道路，足球运动就是其中的典型代表。世界上众多国家及地区都非常重视足球运动的发展，采取各种手段与措施培养与引进足球后备人才。青少年足球后备人才的培养与科学训练关乎一个国家足球运动发展的命脉，因此构建一个健全和完善的足球后备人才培养体系是非常重要的。

本书共分五章：第一章是足球运动概述，主要阐述了足球运动的起源与发展、足球运动的特点、足球运动的价值；第二章是青少年足球训练理论，介绍了足球训练运动生理学理论、足球训练运动心理学理论、足球训练多步渐进式模型；第三章是青少年足球运动员身心发展特征，从青少年足球运动员的身体发展特征和青少年足球运动员的心理发展特征两方面进行分析；第四章是青少年足球运动员身体素质、心理素质与智能训练方法，论述了青少年足球运动员身体素质训练方法、青少年足球运动员心理素质训练方法、青少年足球运动员智能训练方法三方面内容；第五章是青少年足球运动员技战术训练，分为足球技战术基本理论、青少年足球运动员技术训练、青少年足球运动员战术训练三部分。

  在撰写本书的过程中，笔者参考了大量学术文献，得到许多专家、学者的帮助，在此表示真诚的感谢。但因作者水平有限，书中难免有疏漏之处，希望广大读者指正。

刘强

2024 年 6 月

目 录

第一章　足球运动概述 ·· 1
　第一节　足球运动的起源与发展 ··· 1
　第二节　足球运动的特点 ·· 7
　第三节　足球运动的价值 ·· 10

第二章　青少年足球训练理论 ··· 19
　第一节　足球训练运动生理学理论 ·· 19
　第二节　足球训练运动心理学理论 ·· 31
　第三节　足球训练多步渐进式模型 ·· 38

第三章　青少年足球运动员身心发展特征 ··································· 43
　第一节　青少年足球运动员的身体发展特征 ·························· 43
　第二节　青少年足球运动员的心理发展特征 ·························· 54

第四章　青少年足球运动员身体素质、心理素质与智能训练方法 ······ 61
　第一节　青少年足球运动员身体素质训练方法 ······················· 61
　第二节　青少年足球运动员心理素质训练方法 ······················· 83
　第三节　青少年足球运动员智能训练方法 ······························ 94

第五章　青少年足球运动员技战术训练 ······································· 99
　第一节　足球技战术基本理论 ··· 99
　第二节　青少年足球运动员技术训练 ··································· 114
　第三节　青少年足球运动员战术训练 ··································· 177

参考文献 ·· 183

第一章 足球运动概述

足球运动在世界上拥有较为广泛的球迷群体，这与其丰富的特点及多元的价值有很大的关系。在介绍足球运动的特点与价值前，我们要先了解足球运动的起源与发展。本章将从足球运动的起源与发展、足球运动的特点、足球运动的价值三方面来介绍足球运动。

第一节 足球运动的起源与发展

一、足球运动的起源

（一）古代足球的起源

2004年，在中国北京举办的第三届中国国际足球博览会上，国际足球联合会（FIFA，以下简称"国际足联"）向全球正式宣告，中国春秋战国时期齐国的都邑临淄被确认为足球运动的起源地，足球这项运动在中国已拥有超过2000年的悠久历史。该运动随后经由多个国家传递至英国，并在那里得到广泛推广。

古代足球，特指中国古代的足球运动，在当时被称为"蹴鞠"，这一活动在中国春秋战国时期已有人参与。据中国古代文献记载，"蹴鞠"有时也被称作"蹋鞠"。该术语首次是在《史记·扁鹊仓公列传》中出现，《汉书》也多次提及。《战国策·齐策》描述了临淄居民的生活情况："临淄甚富而实，其民无不吹竽、鼓瑟、击筑、弹琴、斗鸡、走犬、六博、蹋鞠者。"[①] 这些历史文献证明，在战国时期齐

---

① 刘向.战国策[M].上海：上海古籍出版社，2015.

国的都城临淄,"蹴鞠"已成为一种极为流行的民间娱乐活动。

(二)现代足球的起源

19世纪初,足球运动在英国迎来发展的黄金时期,公立学校也积极推广此项体育活动。伊顿公学的场地足球被视作现代足球的雏形。

随着英式足球在英国的持续演进与改良,来自伦敦及其郊区的六所公学足球代表于1863年联合创立了英格兰足球总会(FA)作为英国足球的官方机构,英格兰足球总会统一了足球竞赛规则。英式足球的普及吸引了众多参与者。部分俱乐部发现足球运动的经济潜力,开始向观赛球迷收取门票费用,从而开启了职业化足球的商业模式。1865年,首批职业足球俱乐部及联赛在英国诞生,标志着现代足球运动的正式确立。

二、足球运动的发展

(一)世界足球运动的发展

1868年,足球运动正式登陆非洲大陆,随后仅两年,这项运动又传入澳大利亚。到了1893年,南美洲举办了首届足球联赛。紧接着,1894年,足球顺利进驻巴西。如今,足球运动已经风靡全球。

足球技战术的演进是世界足球运动进步的显著标志。1846年,英国剑桥大学颁布了《剑桥大学规则》,旨在为足球运动和竞赛提供有序的指导。1863年,伦敦会议之后,在对《剑桥大学规则》修订的基础上,制定了现代足球史上首部统一的竞赛规则。随着足球运动的持续进步,为适应发展需求和竞技要求,相关组织不断对足球规则进行调整与优化,从而推动了足球比赛质量的不断提升。足球赛事的增加直接促进了足球基础技术的创新和完善,杰出的足球运动员不断涌现,他们创造出许多令人惊叹的个人技巧和战术体系,同时,足球比赛中的阵形也经历了多轮变革与发展。综上所述,运动员技能和战术素养的提升,以及规则的日益完善,共同促使足球运动在全球范围内的影响力持续扩大。

为了进一步推动足球运动的规范化发展，自1863年起，欧洲各国相继成立各自的足球协会。这些协会积极组织各类足球赛事，促进了足球运动的普及。为了统一规范国际间的足球竞赛，具有全球影响力的足球运动管理机构——国际足联应运而生。足球运动组织的建立与完善，为足球运动的进一步繁荣与发展提供了有力保障。

足球赛事的举办在足球运动的发展过程中占据重要地位，其数量和质量均是用来衡量足球运动发展程度的关键指标。1872年，世界足球历史上首次正式举办的比赛——英格兰足总杯拉开帷幕。随着足球事业的发展，国际足联已成功举办了多场具有较高权威性和竞技水平的国际大型赛事，如国际足联世界杯、奥林匹克运动会（以下简称"奥运会"）足球比赛、国际足联U-20世界杯、国际足联U-17世界杯、世界室内5人制足球锦标赛等。这些赛事的成功举办，极大地推动了足球运动在全球范围内的普及与发展。

1928年，国际足联决定每四年举行一届世界足球锦标赛（后更名为世界足球锦标赛——雷米特杯，简称"世界杯"），并规定每届比赛与奥运会相间举行，还决定设立专门的流动奖杯——金女神杯，作为奖励颁发给在比赛中最终获胜的冠军，并规定3次夺得冠军的队伍可将此杯永久保留。最早永久获得该奖杯的是巴西队。大力神杯是现在足球世界杯赛的永久性流动奖杯，任何国家都不能独自占有，只有每届的冠军才能保留4年。世界杯足球赛从1930年开始举行，目前共举办了22届。第22届世界杯于2022年在卡塔尔举行，阿根廷队夺得冠军。

高水平足球赛事的频繁举办极大地提高了足球运动的世界影响力，也促进了世界足球运动的发展。现在，世界足球运动正向着职业化的方向发展，而且足球运动在未来仍会继续保持和提高自己在世界体坛的地位。

（二）我国足球运动的发展

我国足球运动的发展历程可划分为两个主要阶段：一是中华人民共和国成立前的足球运动发展，二是中华人民共和国成立后的足球运动发展。在这两大阶段中，我国的足球运动历经了多个不同的发展阶段，呈现出不同的特点。

1. 中华人民共和国成立前

（1）发展时期（1908—1923年）

在此阶段，我国足球竞赛形式多样，包括全国运动会中的足球赛事、校际足球对抗赛等。1913—1923年，中国足球队参与了6届远东运动会足球比赛，自第2届起至第6届，我国实现了五连冠的佳绩。

（2）兴盛时期（1924—1937年）

1924—1937年，我国足球运动迎来了发展的黄金时期。在这一时期，不论是学校足球还是社会足球，均取得了显著的进步。在各高等院校中，足球运动得到广泛推广，各高校纷纷成立足球队。同时，社会各界积极响应，组织各地足球代表队踊跃参加全国运动会足球比赛。此外，全国运动会足球比赛和全国足球分区赛在这一时期也取得了显著进步。我国不仅多次组织足球队赴国外进行友谊赛，还积极接待来访的国际球队，并与之切磋技艺。中国足球队在第7届至第10届远东运动会足球比赛中，接连取得优异成绩，实现四连冠。这些球队和赛事的活跃，极大地促进了中国足球运动的发展。

（3）停滞时期（1938—1945年）

随着抗日战争的爆发，我国足球运动发展受到阻碍，国内足球赛事大幅减少，我国足球的国际交流也几乎中断。

（4）恢复时期（1946—1948年）

抗战胜利后，上海、东北等具有深厚足球底蕴的地区的足球运动开始逐步恢复，相继组建实力雄厚的足球队，踊跃参与全国运动会足球赛事。尽管如此，在此恢复时期，我国足球运动的整体发展状况仍面临诸多挑战。

2. 中华人民共和国成立后

（1）起步阶段（1949—1960年）

中华人民共和国成立伊始，我国足球运动的发展处于较低水平，优秀的足球人才不足，竞技水准与国际足球强国有一定差距。通过党和政府的扶持及广大足球工作者的不懈努力，足球运动逐渐展现出新的气象。

1951年，天津成功举办了首届全国足球比赛，赛后遴选出30余名优秀运动员成为国家足球集训队的成员，这支集训队成为我国足球运动发展初期的核心力量。1952年5月，中国成立首支国家足球队。在这之后，各省也纷纷组建足球代表队。自1953年起，全国各体育院校及各体育系逐步引进并推广足球相关课程。1954年前后，一些大行政区、行业系统及部分省市纷纷成立足球队，并开展专业训练。1956年4月，国家体育运动委员会发布《青少年业余体育学校章程（草案）》，这一文件的发布为选拔和培养优秀足球人才奠定了基础。同年，我国开始实施甲、乙级足球联赛制度。1957年，中国足球队首次参加在瑞典举行的第6届世界杯亚洲区预选赛。次年，我国推行甲、乙级升降级制度。这一制度的执行为我国足球运动的规范化发展和足球竞技水平的提高提供了帮助。1958—1960年，我国参加了众多国际性的足球比赛及一些非正式的、为加强交流而举办的比赛，并且在这些比赛中表现出色，如北京的"八一"足球队于1958年战平奥运会冠军苏联队；中国足球队于1959年击败匈牙利奥林匹克队，并在北京举行的中国、苏联和匈牙利三国之间的足球对抗赛中荣获亚军。1960年，在中国、朝鲜、越南和蒙古四国之间的足球对抗赛中，中国国家足球队夺得冠军。尽管取得了一系列佳绩，但与世界高水平足球国家相比，我国足球运动仍有较大的提升空间。

（2）曲折起伏阶段（1961—1965年）

1961—1965年，我国各地的足球队大多中断了训练和比赛。1964年2月27日—3月12日，我国召开全国足球训练工作会议，首次对中华人民共和国成立以来足球工作的开展与进展情况进行了系统总结。会后，国家体育运动委员会颁发了《关于大力开展足球运动，迅速提高技术水平的决定》这一重要文件，提出四项措施和"三从一大"（从严、从难、从实战出发、大运动量训练）的训练原则，将10个足球重点城市和地区确定下来。各专业足球队恢复训练，有关赛事制度也全面恢复。

在国家的推动与政策影响下，我国足球运动水平开始回升。1965年，我国足球队在一系列国际比赛中取得较好的成绩。

（3）停滞阶段（1966—1976年）

1966年，我国足球开始进入停滞阶段。1974年9月14日，中国足球协会重新恢复了在亚洲足球联合会的合法席位。1976年，中国足球队首次参加亚洲杯足球赛，获得第3名。

（4）探索改革阶段（1977—1991年）

20世纪70年代至80年代中期，我国足球运动逐步恢复。全国甲、乙级队双循环升降级制的比赛于1978年恢复，各级比赛系统逐渐建立，我国还举办了几次国际足球邀请赛。

1979年，国际足联恢复了中国足球协会的合法席位。同年，我国国家队、青年队、少年队先后参加了一些重大的国际足球比赛，如国际足联世界杯预选赛、亚足联亚洲杯、亚洲运动会、奥运会预选赛等。1979年以后，我国多次召开足球工作会议，强调要培养足球后备人才。

20世纪80年代中后期，我国开始着手足球改革，对足球领导体制、足球的社会化与科学化、足球训练与足球竞赛等进行了多方面的改革、探索和尝试，获得了可观的改革成果。

值得一提的是，我国女子足球运动在20世纪80年代迅速发展，并在一些国际大赛中获得了优异的成绩，如中国女子足球队于1986年获得了第6届亚洲杯女子足球锦标赛冠军，于1988年获得了国际足联国际女子足球锦标赛第4名，于1989年获得了第7届亚洲杯女子足球锦标赛冠军。

（5）深化改革阶段（1992年至今）

足球改革是我国足球运动职业化发展的重要一步。1992年，我国召开全国足球工作会议，会议明确了足球体制改革的必要性和紧迫性。中国足球协会在会上提交了一系列改革方案，并提出了三大改革任务——改革体制、转变机制、整顿队伍。这次全国足球工作会议以足球改革为主旋律，被誉为中国足球史上"新的里程碑"。

1993年，中国足球协会在大连棒槌岛举行工作会议，进一步提出我国足球界的两大任务是"继续深化改革、深入整顿"。改革的关键是实现足球协会实体化，对足球俱乐部体制进行建立与完善，搞好职业联赛，引进与培养优秀人才等。1994年，中国正式开始举办足球职业联赛。联赛分为中国足球甲级A组联赛（12支队伍）和中国足球甲级B组联赛（14支队伍），并实行升降级制度，即将表现不佳的球队降级到更低级别的联赛。1998年，中国足球甲级联赛进行扩充，甲级A组球队数量增至14支。截至2003年，中国足球职业联赛已成功举办10

年。在此期间，中国足球协会陆续出台了一系列足球法规文件，以推动足球联赛的职业化、规范化进程；各个足球俱乐部踊跃招募优秀人才，尤其是一些国际知名教练和外籍运动员，这对中国足球事业的进步产生了深远影响。2004年，中国足球职业联赛更名为中国足球协会超级联赛（CSL）和中国足球协会甲级联赛（CFL）。2012年，国家体育总局正式批准在山东省建设国家级足球学院，旨在培养高水平的足球人才。同年，各中国足球协会超级联赛俱乐部纷纷扩大投资规模，并得到世界顶级外援的帮助，从而增强自身实力。2016年，众多知名运动员和教练加盟中国足球协会超级联赛，这一举动在国际足坛转会市场掀起了巨大波澜。

从长远角度出发，中国足球协会需制订长期战略规划以促进中国足球运动的持续发展。与此同时，各俱乐部应当持续优化自身制度、管理和资源配置，以推动中国足球实现持续、健康发展。

第二节　足球运动的特点

足球运动是一项在特定场地上进行的竞技项目，参赛双方运动员通过脚部技巧进行足球的传递与控制，展开攻守对抗。一场激动人心的足球赛事能够吸引众多现场观众及亿万电视观众的目光，成为各类电视节目中的亮点。足球相关的新闻报道广泛分布于世界各地的报刊媒体。

足球之所以能够获得人们的喜爱，源于其深厚的文化底蕴和别具一格的魅力。

一、集体性

足球运动充分体现了团队协作与战术智慧的精髓。在赛场上，每位运动员都如同一个精密系统中的组件，各自扮演着不同的角色，承担着明确的职责。运动员必须紧密合作，依据预先制订的战术方案，默契地在场上展开行动。他们的每一次触球、每一次移动、每一次防守拦截，都是对团队理念的深入阐释。运动员这种齐心协力、同舟共济的精神，使得足球运动早已超越运动本身，成为跨越国界、种族、语言的文化纽带，将人们紧密地联系在一起。运动员间团结一心，形成一个坚如磐石的整体，这为他们掌握比赛的主动权奠定了基础，引领他们向胜利迈进。

二、易行性

足球运动的展开不易受到器械与设施条件的影响，赛事组织过程简洁、易行。非正式的足球运动对比赛时长、参赛人数、场地规模及器材配置等方面并无严格规定，因此成为一项广受大众喜爱的普及型竞技项目。

三、对抗的多变性

在足球赛场上，运动员需面对错综复杂且变化莫测的竞技场景，这对其身体素质与心理素质提出了双重挑战。另外，竞技的范围从单兵作战扩展至团队间较量，包括运球时的拼抢及无球状态下的战术博弈。运动员还需应对来自同伴期望、对手施压、比赛环境及自身情绪波动等多方面的压力，每一个环节都对他们提出了严格的要求。

四、个人能力的综合性

在足球运动中，个人技能是构建整体实力的基石，若球队能将个人竞技能力与团队的竞技能力和战术策略高度融合，则其将成为绿茵场上最具竞争力的队伍。这不仅要求运动员对其在场上的角色有深入的理解，还要求运动员具备集体意识，充分领悟并贯彻教练的战术布局。足球比赛中，攻守转换时刻变化，在这一复杂的情境下，每一次精确的传球、默契的跑位及果断的防守拦截，均体现了个人与团队智慧的交融。

由此可见，足球运动中的个人综合素质并非简单的技能叠加，而是个人特质与团队精神、个人技术与战术思维的有机结合。这种结合使足球成为一项既具有竞技性又富有合作精神的体育艺术，让每一位参与者都能在这个舞台上展现自我，共同演绎出一幕幕扣人心弦的比赛画卷。

五、技术的多变性

随着时代的发展，足球运动员的技术水准不断提升。他们在场上的技艺，宛如魔术般神奇，能够缔造出无数个令人拍案叫绝的瞬间。在战术层面，运动员的运用与实施，更是千变万化且深不可测，使比赛具有不确定性且赋予了比赛无尽的意外之喜。同时，这种技术与战术的紧密结合，为足球比赛注入了源源不断的生机与吸引力。这使每场比赛都成为一场悬念丛生的博弈，每次进球都成为球迷心中永恒的经典。在足球领域，没有永远的霸主，也没有永恒的弱旅，唯有不断追求卓越与突破的运动员，以及他们共同创造的那些精彩纷呈的比赛。

六、体能的高消耗性

足球是一项对体能要求极高的运动，运动员在比赛中需要不断地进行高强度的跑动。据调查研究，在一场持续约 90 分钟的足球比赛中，运动员会跑动 9000～14 000 米，其中包含约 2500 米的快速冲刺。除此之外，运动员在比赛过程中需执行各种技术动作。数据显示，运动员在一场足球比赛中大约会完成近百次技术动作。另外，运动员的心率超过 180 次/分钟的时间总计约 32 分钟，同时伴随着超过 300 升的氧气消耗，6278.78～8371.7 千焦（1500～2000 千卡）的热量消耗。

七、技战术体能的专项性

技战术体能的专项性主要体现在体能训练的技术性和阶段性两个方面。

（一）技术性

体能训练的技术性表现在，足球训练已从传统的体力消耗与恢复转变为结合精细技术分析和科学方法论的综合训练。这要求教练团队针对运动员的独特性、所参与项目的特性及比赛要求，精心制订专属的训练方案，这套方案需确保在每次训练中都充分融入技术动作的精细化改进、力量的合理分配及耐力与速度的均衡发展。这种技术性体能训练旨在通过高效精准的方法，充分挖掘运动员的潜力，使其体能水平在遵循运动项目规律的基础上得到提升。

（二）阶段性

体能训练的阶段性凸显了整个训练过程的有序性和持续性。运动员体能水平的提升并非短期内可以完成，而是要经过基础建设、能力强化和专项适应等若干阶段。各训练阶段均设有明确的目标和任务，以全方位地增强运动员的体能基础、提高运动员的适应能力、调整运动员的竞技状态。如此分阶段式的训练规划，既能帮助运动员在各训练阶段维持最佳状态，又能保障其技术、战术与体能的同步提升，防止出现"木桶效应"。

八、比赛的不可重复性

在足球运动领域，训练场上对于技术的雕琢与实战中技术的运用存在显著差异。作为提升运动员技能的重要环节，训练确实有助于锻炼他们扎实的基本功及高超的技艺，然而，训练场上的环境与实际比赛中充满不确定性和挑战性的复杂情境相比，仍有一定的差距。每一场正式比赛都呈现出独特的场景，其中包括特有的氛围、对手的战略布局、队员间即时的协同配合，以及天气和场地状况等外部要素，这些综合因素共同构建了一幅幅难以预料且不可复制的竞技画卷。

第三节　足球运动的价值

一、足球运动的健身价值

足球是一项全身性运动，要求运动员调动身体的各个部位协同参与。这种综合性极强的体育活动能有效刺激人体机能水平的提升，促进运动素质的全面发展与协调进步，进而增强运动员的体能。

足球运动通常在户外开展，运动员在大自然环境中利用各种自然条件进行锻炼，有助于加速新陈代谢过程，优化各生理系统的功能，最终实现健身强体的目的。

二、足球运动的心理健康价值

（一）足球运动具有积极的情绪效应

1. 增加愉快体验，保持良好心境

参与足球运动有助于提升参与者的积极情绪，同时减少负面情绪的产生。这主要归因于足球运动要求参与者持续调整身心状态，以应对比赛中不断变化的形势。此外，足球运动还能为人们带来积极的情绪体验，即在参与者的自身技能与运动中存在的挑战达到平衡时产生的愉悦、自信和成就感等，进而有效改善情绪状态。

2. 缓解焦虑、紧张等不良情绪

在日常生活与工作中，个体往往会遭遇各类问题与挑战，进而引发焦虑、抑郁等负面情绪。虽然药物治疗可在一定程度上缓解这些症状，但可能伴随副作用，而且治疗成本相对较高。据当代心理学研究，随着身体运动的加强，焦虑和紧张的心理状态会逐渐得到缓解；而随着体能的消耗，激烈的情绪会逐步缓和，最终趋于平稳。足球运动在这方面具有显著优势，因为它是一项能够大量消耗体能的运动，参与者通过此运动可以充分释放压力，从而培养健康、积极的情绪状态。

（二）足球运动能够培养坚强的意志品质

足球运动以其艰苦性、高强度、激烈对抗及高度竞争性而著称。投身这项运动，运动员需付出巨大的努力，以应对训练与比赛中的种种挑战。在这一过程中，运动员不可避免地会遭遇挫折、疲劳、伤病及失利所带来的心理磨砺。长期参与足球运动，有助于培养运动员吃苦耐劳的精神、无畏困难的勇气、果敢决断的品质、坚韧不拔的毅力、勤奋务实的作风、开拓创新的精神及持之以恒的决心。因此，足球运动被视为培养个体坚定意志力的理想选择。

（三）足球运动能够降低应激反应，消除疲劳

在如今这个高速发展的社会环境中，当面对日常生活中的负面情绪或超出自身能力范围的任务时，个体会因为紧张而容易受到刺激，从而引起生理及心理上

的应激反应并迅速产生疲惫感。作为一种有效的干预手段，足球运动有助于提升个体的最大摄氧量，提高全身血液循环效率，增强肌肉对氧气的利用率，从而有效降低疲劳感。

（四）足球运动能够增强人的自尊心

个体选择参与足球运动，表明其对这项运动具有浓厚的兴趣，并具备明确的自我认知。在足球比赛中，担任不同位置，如前锋、后卫和中场等，有助于个体准确评估自身能力，进而塑造自我概念。除此之外，通过在比赛中的出色表现，如前锋成功进球、后卫果断抢断、中场精准传球等，参与者能够获得自我价值认同感，从而更加热衷于这项运动，并培养出积极的心理状态。

（五）足球运动能帮助人们形成良好性格，改善人际关系

作为一种团队竞技项目，足球运动强调成员间的协作与配合。在比赛过程中，运动员需通过语言、肢体动作等多种方式进行沟通，这有助于增进彼此的了解与感情。长期参与足球运动，还有助于培养个体阳光、积极、坚韧的性格特质。

三、足球比赛的社会价值

（一）足球比赛的经济价值

作为全球较具影响力的体育项目之一，足球运动已发展至高度国际化、职业化和产业化阶段。这不仅满足了观众的观赏需求，也为相关方带来了丰厚的经济收益和巨大的市场价值。

欧美国家的足球产业起步较早，目前已形成庞大的市场规模，成为国民经济的重要组成部分。足球运动凭借其巨大影响力和内在价值，推动了足球资源、中介服务等相关市场体系的建立，并通过彩票、门票、转会、广告、电视转播等多元化渠道获取高额利润。同时，足球运动的普及也拉动了体育旅游业、体育产品制造业等相关产业的发展。

此外，足球运动还孕育了大量的忠实球迷，催生了一个别具特色的球迷消费群体。这一消费群体的出现为制造商和零售商家提供了无限商机，他们开发和销售的各类用于球场内外且能够满足情感需求的商品深受球迷喜爱。这些商品不仅激活了市场，也进一步推动了足球事业的发展。

（二）足球比赛的文化价值

1. 足球比赛有利于传播各国体育文化

实际上，体育文化可视为一种特有的动态肢体语言，对于特定地域的群体而言，此类语言所蕴含的意义能够被迅速解读。然而，在其他地域，此类语言可能需要经过诠释，以便人们能全面且深入地领会其所传达的信息内涵。

日常行为及文化中的细微元素均承载着独有的符号体系，足球赛事作为一种全球共通的运动语言，已成为世界性的文化表征，并被广泛传播。其涵盖的多重内涵，如运动员的面部表情、肢体动作、技艺战术，以及竞赛规程、观赛氛围与赛场环境等方面，均能获得普遍理解，进而促进全球文化的交融与共享。

作为西方足球的重要起源地，意大利与这项运动有着深厚的渊源。除备受瞩目的意大利足球甲级联赛外，其地理特征也颇具特色——国土形似长靴，而西西里岛与撒丁岛犹如"皮球"，点缀在地中海之中。意大利不仅是古罗马帝国的中枢所在，更是文艺复兴运动的摇篮。

西班牙足球受当地风俗和文化的双重影响，在足球场上同样能够体现出斗牛的激情和疯狂。皇家马德里足球俱乐部的优雅和巴塞罗那足球俱乐部的激情，既壮丽又古典，如同一场非常精彩的斗牛比赛。在第 17 届世界杯中，西班牙运动员既勇敢顽强，又富有浪漫天性。

在世界足球进行大融合的背景之下，文化也进行着大融合，各个国家的知名足球运动员走南闯北，跨洲越洋，从而形成了一个前所未有但又势在必行的融合的发展走势。欧洲文化同美国文化相融合，在美国文化的创造性和激情引导下，形成了英格兰的新形象，其足球打法也发生了改变；南美洲足球文化对欧洲足球文化的纪律和理性进行了吸收，从而以更加务实的精神来对足球打法进行塑造和改变。这些都是足球文化进行世界性融合的重要表现，这种融合必然会促使运动员在足球比赛中对本国的体育文化进行传播。

2. 足球比赛彰显了民族个性与民族文化

文化彰显着民族独特性，是历史演进的结晶。

各民族在文化传承上各具特色。在解读足球比赛时，人们往往依据本民族的文化特质来领悟其内在规律，致使足球竞技披上了民族文化的外衣，展现出民族差异性。因此，催生了多样的足球派系与风格。

如今，国际足球界不仅聚焦于球队的技战术执行力，还重视其折射出的民族文化底蕴。德国队在历届世界杯赛事中屡创佳绩，尽管在足球天赋上未必出类拔萃，但得益于民族文化的塑造，其队员培育出了三大竞技品质：坚如磐石的心理素质、严谨的自律精神和旺盛的进取意志。正是在这股风格引领下，德国队在绿茵场上屡获殊荣，赢得了国际社会的广泛尊重。

不同的民族文化，其民族行为也表现出一定的差异性。就本质来说，它能够反映出一个国家、一个民族的文化差异。

足球比赛为人们的个性发展提供了非常广阔的发展空间，人们可以根据自己的实际情况进行选择，或追求内心的自我超越，或表现健康向上的生命力，或塑造拼搏进取的人格精神。

（三）足球比赛的艺术创作价值

1. 足球比赛与音乐艺术

路德·古利特是荷兰足坛的杰出人物，以多才多艺著称，尤其在语言领域展现出非凡的天赋。他不仅精通荷兰语，还熟练掌握德语、英语、意大利语。他对摇滚乐情有独钟，在业余时间组建了乐队并进行演出，还制作了个人唱片。范·加尔是杰出的足球教练，回归阿姆斯特丹后转型为业余诗人。他在出任阿贾克斯技术总监期间，于2003年10月10日在新闻发布会上深情朗诵了一首题为《圆梦一生——致阿贾克斯》的十二行诗。这首诗后被阿姆斯特丹的知名城市歌手范弗利特编谱成曲并翻唱。随后，在阿姆斯特丹著名的音乐酒吧，范弗利特倾情献唱了这首新歌，吸引了当地电视台前来录制。

2014年，国际足联世界杯历经28载重返南美洲，足球、阳光与沙滩交织的巴西散发着无尽的魅力。詹妮弗·洛佩兹、克劳迪娅·莱蒂与皮普保罗在开幕盛典上联袂演绎《我们是一家》，其旋律悦耳动听，易于传唱，贯穿全曲的口哨声洋溢着浓郁的南美洲韵味。

2018年俄罗斯世界杯揭幕仪式上,《放飞自我》的激昂旋律在莫斯科卢日尼基体育场回荡,作为本届世界杯主题曲,其轻快的节奏令人难以忘怀。

2. 足球比赛与影视艺术

足球与电影艺术的交融孕育出众多广受赞誉的经典作品。

《足球是我们的生命》是最先获得大奖的足球题材影片,乌韦·奥克森克内希特主演了这部影片,并在2000年德国电影劳拉奖中获得了最佳男主角奖,这是电影历史上足球电影第一次获得电影大奖。

《胜利女孩儿》是第一部关于女足的影片。这部电影讲述的是20世纪90年代末,英格兰诞生第一支女子足球队的故事。一群女孩儿自发地组织起来,向长期被男性垄断的足球运动发起挑战,并获得了成功。在这个过程中,她们也在追寻着生命的意义和价值。《胜利女孩儿》这部电影让观众更好地认识到比足球胜负更具有意义的是追求和坚持。

《最后一球》是由俄罗斯制作的剧情运动片,讲述的是落魄球星尤里在经历射失点球的打击后被迫离开绿茵场,在朋友的劝说下来到边远小镇执教一支球队,而后经历重重磨难,最终带领球队走向世界级赛事的故事。影片摒弃了主角光环,展现了一个普通人的成长和蜕变,以及主人公倔强不屈、永不低头的体育精神和态度。

(四)足球比赛在体育领域的价值

足球比赛的级别越高,其竞技难度与挑战性越大。在此关键时刻,无论是赛场上的运动员还是场外的球迷,往往都能够凝聚力量共同为荣誉而战。著名足球教练博拉·米卢蒂诺维奇倡导"快乐足球",同时强调"态度决定一切",并向运动员阐释了足球比赛在国家层面存在的深远意义。赛前奏国歌旨在激发运动员的民族自豪感。在国际顶级赛事中,强手如林,任何对手都不容小觑。单纯依赖体育精神与娱乐信念难以克敌制胜,因此民族精神与集体荣誉感成为支撑运动员勇往直前的重要动力。

在某些时候,一次体育比赛的胜利能够使一个国家重塑崛起的信心。当一个国家处于经济萧条的境地时,一次体育比赛有可能为这个国家带来非常大的精神鼓舞。由此可知，足球比赛能够给人们带来无穷的力量。

1. 足球比赛能带动相关体育运动项目的发展

一个国家成功举办国际足联世界杯或国际大型足球赛事，所产生的社会影响深远且广泛。此外，举办国借此契机能够推动足球运动的蓬勃发展，进而促进全民健身运动的普及与进步，特别是社区全民健身运动展现诸多优势，如强烈的体育参与意识、丰富多样且别具一格的运动项目及多元化的参与人群等。随着全民健身理念的推广和健康意识的提升，人们对体育锻炼的需求日益增长。人们深刻认识到"健康第一"的重要性，逐渐养成多样化的运动习惯，并将其融入日常生活。此外，公众日趋倾向于利用公共运动设施及邻近学校的体育场所进行锻炼，从而进一步推动了相关体育项目的繁荣与发展。

人们所参与的健身项目，除田径类的长跑，还有足球、篮球、排球等，呈现传统体育运动项目与时尚流行体育运动项目相结合的特色。健身项目的内容独特、项目多样，具有较强的趣味性，并以娱乐、健身作为准则。人们在选择体育运动项目方面，通常会因为年龄差异而出现不同。就健身锻炼的形式来说，并不是个别分散式，而是以项目为主，进行自觉组织并由一个人进行负责指导来开展相应的体育锻炼活动。整个锻炼具有活跃的氛围，能够潜移默化地促使人们的体育锻炼意识得以提高，并更好地推动全民体育得到发展。

2. 足球比赛能吸引大众参与体育活动

对于一个国家而言，国家足球队的卓越成就与知名足球运动员的出色发挥，为该国大众体育事业的发展提供了绝佳的宣传契机，也为休闲体育产业的繁荣奠定了坚实的基础，能够有效吸引并激励民众积极参与体育活动。

以英国曼彻斯特为例，这座昔日经济发展滞后的工业城市在20世纪末创造出了足球产业的辉煌成就。足球产业在此迅速扎根、生长并蓬勃发展。曼彻斯特城足球俱乐部的一系列辉煌成就，引发了全球足球运动爱好者对该城市的浓厚兴趣。这使曼彻斯特从工业落后的状态转型为以足球产业为核心的全球知名城市。足球为曼彻斯特注入了新的活力，这充分展示了大众体育与足球运动之间的紧密联系。体育进步与民众生活息息相关，生活品质的提升进一步强化了足球赛事的社会功能，使其在民众生活中占据了更为重要的地位。

大众体育，即在闲暇时段，民众自发参与有益身心健康的活动。与学校体育和竞技体育相比，大众体育更具自主性与自由度。如今，大众体育又被称为"群众体育""休闲体育""余暇体育""闲暇体育"等。

在我国体育事业中，大众体育是非常重要的组成部分，在促进人们身体健康、增强国民体质、促使人力资本提高方面具有非常重要的意义。同时，大众体育也是现代社会文明发展进步的重要表现之一。

第二章 青少年足球训练理论

在我国竞技体育的发展过程中，对青少年足球运动员进行系统、规范的训练具有关键性的作用。在国际体育赛事中，足球运动具有举足轻重的地位，也是受到我国高度重视且力求突破的一项运动。本章将围绕足球训练运动生理学理论、足球训练运动心理学理论及足球训练多步渐进式模型几个维度进行深入探讨，旨在为青少年足球运动员的培养提供坚实且高效的科学理论支撑。

第一节 足球训练运动生理学理论

一、运动生理学的基本概念与研究对象

（一）运动生理学的基本概念

运动生理学是一门基于人体生理学而衍生的具有实际意义的学科。它与运动解剖学、体育保健学等一同构筑了体育教育领域内关于人体科学的理论架构，成为体育专业教学的核心课程之一。

（二）运动生理学的研究对象

运动生理学是基于人体生理学而衍生出的一门学科。作为一门探究人体机能活动规律的学科，人体生理学深入剖析了人体整体及其各构成部分（如系统、器官）所展现的生命活动特征，如肌肉收缩、气体交换、血液循环、物质代谢和排泄过程等。运动生理学则在此基础上，进一步聚焦于分析运动对人体各生理系统

所产生的具体影响及其变化规律。通常，运动生理学的研究层面涵盖宏观的人体整体、中观的器官与系统及微观的细胞与分子三个维度。

二、肌肉与运动

人体各类运动形式主要依赖肌细胞的收缩活动来实现，如躯干、四肢运动和呼吸动作均由骨骼肌收缩所驱动，心脏射血过程则依赖于心肌收缩，胃肠道、膀胱、子宫及血管等中空器官的运动，则由平滑肌收缩所主导。接下来，以研究最为深入的骨骼肌为例，阐述肌细胞收缩的生物学机制。

作为体内数量最多的组织，骨骼肌约占身体重量的40%。在骨骼与关节的协同作用下，人体通过骨骼肌收缩与舒张的交替，实现各类躯体运动。肌肉收缩不仅是运动的表现形式，更是实现认知与情感交流的重要媒介。语言、文字和情感的呈现，均依赖骨骼肌系统的协调活动。例如，在足球比赛过程中，运动员所展现的冲刺、跳跃、扑救等动作，均需全身各部位骨骼肌群的有效收缩与协同配合。深入理解骨骼肌收缩与舒张的生物学机制，掌握不同肌纤维类型的特性及其对运动能力的影响，能够极大地提高足球训练的科学性与有效性。

（一）肌肉的收缩

1.肌肉的收缩过程

在完整的生物体内，肌肉收缩是一个高度协调且复杂的过程，受到中枢神经系统发出的神经冲动的驱动。这些神经冲动会通过运动神经元传导至肌纤维，进而造成肌肉收缩，并触发一系列生物学机制。有研究发现，当肌肉收缩时，肌丝的结构与长度保持恒定，但重叠程度发生了变化。基于肌肉收缩的这一规律与特性，学者们提出了肌丝滑行假说：肌肉的收缩是由于肌小节中细肌丝在粗肌丝之间滑行造成的。当肌肉收缩时，细肌丝在某种力量的带动下向暗带滑行，结果使肌小节长度变短，从而导致肌原纤维以至整条肌纤维或整块肌肉的缩短。

肌肉的收缩是由于细肌丝和粗肌丝的相互滑行，而这种滑行是由于横桥运动产生的。但在完整机体中，肌肉的收缩是由运动神经以冲动形式传来的刺激引起的，即冲动神经——肌肉接点传递到肌膜，引起肌膜产生一个可传导的动作电位，从而触发横桥运动，产生肌肉收缩，收缩后又必须舒张才能进行下一次收缩。因此，肌肉收缩的全过程包括三个互相衔接的主要环节：细胞膜的电位变化，触发肌肉收缩这一机械变化，即兴奋—收缩耦联；横桥运动引起肌丝滑行；收缩的肌肉舒张。

2. 肌肉收缩的形式

肌肉在执行各类动作时，均依赖肌肉的收缩功能。在收缩过程中，肌肉的长度和张力均会发生变化。依据这些变化特点，肌肉收缩可分为向心收缩、离心收缩和等长收缩。以下是这三种肌肉收缩形式的具体特征描述：

（1）向心收缩

向心收缩，也称缩短收缩，是指在肌肉收缩过程中，所产生的肌力超过外加负荷与阻力之和，并通过骨杠杆作用，使得肌肉的附着点向关节中心移动，从而缩短肌小节长度，带动骨骼进行向心运动。这一过程伴随着能量的大量消耗。向心收缩是实现人体进行肘关节屈曲、抬腿、挥臂等各种加速运动的关键。

（2）离心收缩

离心收缩，也称拉长收缩，是指在肌肉收缩过程中，所产生的肌力低于外加负荷，尽管肌肉在积极收缩，但仍会被动地拉长。离心收缩在运动中发挥着制动、减速和抗重力等作用。在离心收缩过程中，肌肉实际上是在做负功，即肌肉在外力的作用下被拉长。例如，当青少年足球运动员进行跑动时，髋关节屈肌群强力收缩以使大腿迅速抬起至一定高度，此时髋关节伸肌群会立即开始收缩以阻止大腿继续抬升。然而，由于髋关节伸肌群的肌力小于髋关节屈肌群的肌力，尽管髋关节伸肌群积极收缩，但其长度仍被拉长。这不仅防止了大腿过度抬升，也为髋关节伸肌群在随后的伸髋动作中发挥更大效能奠定了基础。

（3）等长收缩

等长收缩是指在肌肉收缩过程中，所产生的肌张力与外加负荷相等，肌肉长度保持恒定。尽管肌肉长度保持不变，但肌肉内部的收缩成分确实发生缩短，并且产生了一定的张力，而张力使弹性成分伸长并与外力相抗衡。等长收缩时，肌张力可达到最大值，但从物理学的角度来看，由于肌肉未发生位移，因此认为肌肉并未对外做机械功。尽管如此，等长收缩仍需消耗能量。在运动实践中，等长收缩在支持、固定和维持身体姿势等方面发挥着重要作用，如站立、马步、支撑、悬垂等。

这三种肌肉收缩形式的协同作用使机体能够顺利地完成各个动作。在实际应用中,我们将运动分为动力性工作和静力性工作,其中动力性工作指跑步、跳跃等运动,静力性工作则指体操中的支撑、悬垂等。这种分类方式仅用于表明在这类活动中,某一特定的肌肉工作形式占据了主导地位。

(二)肌纤维与运动能力

早在 300 多年前,人们便已观察到动物骨骼肌纤维内存在红色和白色两种类型,并且它们的运动性能各异。随后,伦维尔通过电刺激法证实了红色肌纤维收缩速率较慢,并且不易产生疲劳;白色肌纤维收缩速率较快,易于产生疲劳。基于此,他提出将骨骼肌划分为红肌和白肌两大类别。

人类骨骼肌同样由多种类型的肌纤维组合而成。其中,收缩速率较慢的肌纤维被称为慢肌纤维(ST),因其富含肌红蛋白呈现红色,也被称作红肌或 I 型肌纤维;收缩速率较快的肌纤维则被称为快肌纤维(FT),因其肌红蛋白含量较低呈现白色,也被称作白肌或 II 型肌纤维。研究表明,慢肌纤维与快肌纤维在形态学及生理功能上均存在显著差异,这些差异对体育活动及运动训练产生了不同的影响。

1. 肌纤维的形态特征

快肌纤维与慢肌纤维在形态特征上存在显著差异。快肌纤维的直径较粗,使得其收缩力量较大;肌浆较少,并且肌红蛋白含量较低,因此呈白色;线粒体的数量较少且体积较小;肌浆网较为发达,有助于快速摄取钙离子,从而加快肌肉收缩速度;快肌纤维受到胞体较大、轴突较粗的脊髓前角大 α 运动神经元的支配,并且这些神经元与肌膜的接触面积较大;一个运动神经元所支配的快肌纤维数量较多。慢肌纤维的直径较快肌纤维细,使得其表现出更好的耐力;肌浆丰富,并且富含肌红蛋白,因此呈红色;线粒体的数量较多且容积较大;肌浆网不如快肌纤维发达,但周围毛细血管网丰富;慢肌纤维受胞体较小、轴突较细的脊髓前角小 α 运动神经元的支配,并且这些神经元与神经肌肉接点面积较小;一个运动神经元所支配的慢肌纤维数量较少。

2. 肌纤维的生理特征

快肌纤维具有较快的收缩速度,收缩过程中可产生较大的张力,因此收缩效能较高，但其耐久性较差，容易疲劳，并且恢复时间较长。相比之下，慢肌纤维具有较慢的收缩速度，在收缩过程中产生的张力较小，其收缩效能较低，但恢复时间较短且具有较强的耐久性和抗疲劳能力。

3. 不同肌纤维类型与运动能力的关系

研究发现，两类肌纤维百分组成与运动特点相关，慢肌纤维的特性适合耐力性项目的运动；快肌纤维的特性较适合速度、爆发力、力量性项目运动。同时，优秀运动员肌肉中的两类肌纤维的百分组成与专项运动成绩明显存在着依存关系。参加时间短、强度大的运动项目，如短跑、举重等项目的运动员，其腿肌中快肌纤维百分比占明显优势；参加长距离跑、马拉松等耐力项目运动员，其腿肌中慢肌纤维百分比占优势；无氧能力和有氧能力均需很高的中跑运动员，其两类肌纤维的分配接近相等，足球运动员经常在有氧和无氧之间切换，快肌纤维与慢肌纤维的占比也较为均衡。

三、呼吸与运动

呼吸是指生物体进行气体交换的过程，主要包括吸入氧气和排出二氧化碳。这一过程确保了细胞能够获得足够的氧气进行代谢，并排除在代谢过程中产生的二氧化碳，对于维持机体新陈代谢及其他生理功能活动至关重要。

在足球运动中，正确的呼吸方式和节奏对于提高足球运动员的体能、耐力及比赛表现至关重要。因此，深入了解呼吸的各个环节、掌握正确的呼吸方法和节奏对于保持最佳运动状态、提高运动表现、减少运动风险具有重要意义。

进一步来说，呼吸过程可以分为三个主要部分：外呼吸（分为肺通气和肺换气）、气体在血液中的传输和内呼吸。本部分将重点探讨外呼吸过程，即肺通气与肺换气的过程。

（一）肺通气

肺通气是指肺部通过呼吸道、肺泡和胸廓等器官与外界环境进行气体交换的过程。其中，以呼吸道为桥梁来连通肺泡和外界，以肺泡为主要场所实现肺部气体与血液的交换，以胸廓的节律性呼吸运动为主要动力使肺通气过程得以顺利完成。

呼吸运动是指呼吸肌的收缩与舒张而使胸廓产生节律性的扩张与收缩的过程，是肺通气得以实现的基本驱动力。肌肉收缩与舒张能够引起胸廓的扩大与回缩，进而使肺内压与大气压之间产生压力差，促使气体在肺部进行流入和流出。也可以说，肺通气过程的顺利进行依赖于肺泡与外界环境之间的压力差。

1. 肺内压

肺内压是指肺泡内的压力是在呼吸过程中气体进出肺部的主要驱动力，该过程为主动过程。在吸气过程中，胸腔扩大，胸腔内压降低，肺随之扩张，肺内压下降；当肺内压低于大气压时，外界气体因压力梯度而流入肺泡。在平静呼吸状态下，呼气并非以呼气肌收缩为驱动力，而是由于胸腔和肺组织的弹性回缩作用，使肺容积减小，肺内压升高；当肺内压高于大气压时，肺内气体通过呼吸道排出体外。人体在用力呼吸时，呼气和吸气的过程均为主动过程。

2. 弹性阻力

在呼吸系统中，弹性阻力主要来源于胸廓与肺，其阻力大小可通过容积变化与压力变化的比值，即顺应性进行衡量。顺应性越大，弹性阻力越小；反之，顺应性越小，弹性阻力越大。在正常的生理状况中，肺部的弹性特性随肺容量的变化而异，当容量减小时，顺应性随之减小，弹性阻力增加。与成年人相比，儿童及青少年的肺容积较小，因此其呼吸肌在运动时更易发生疲劳。例如，在训练过程中，青少年足球运动员若要吸入相同体积的空气，其肺扩张的程度及弹性回缩力均较成年人大，因此更易产生疲劳感。

3. 非弹性阻力

肺通气的非弹性阻力包括惯性阻力、组织的黏滞阻力和气道阻力。气道阻力来自气体流经呼吸道时气体分子之间和气体分子与气道壁之间的摩擦，是非弹性阻力的主要成分，占80%~90%。

（二）肺换气

肺泡与肺毛细血管血液间的气体交换过程被称为肺换气，其主要通过气体扩散的形式来实现。组织换气过程同样采用这种方式来实现血液与组织细胞的气体交换。

1. 气体交换的动力和过程

气体分压差是气体扩散的直接动力。分压差越大，扩散速率越快。分压是指在一个混合气体体系中，各组分气体所具有的独立压力。它可通过混合气体的总压力乘以各组成气体在混合气体中所占的体积分数来计算。

在肺换气过程中，肺泡中的氧分压要比静脉血中的氧分压高，而二氧化碳分压比静脉血中的二氧化碳分压低。这种分压差促使氧气从肺泡扩散至肺毛细血管，二氧化碳则从肺毛细血管扩散至肺泡内。这一肺换气过程实现了肺毛细血管内的静脉血向动脉血的转变。同样，当血液流经组织时，组织中氧分压比动脉血中的氧分压低，而二氧化碳分压比动脉血中的二氧化碳分压高，从而促使氧气从血液扩散至组织内，二氧化碳从组织扩散至血液。这一过程实现了动脉血向静脉血的转变。

2. 影响气体交换的因素

（1）气体扩散速度

气体扩散速度与气体交换速度成正比，即随着气体扩散速度加快，气体交换速度也会相应加快，从而提高气体交换的效率。气体扩散速度受气体溶解度、分子量和分压差等多种因素的影响。具体而言，与氧气相比，二氧化碳的扩散速度要快，约为氧气扩散速度的2倍。足球运动员在进行剧烈运动时，代谢活动会增强，使二氧化碳和氧气在肺泡膜两侧的分压差增大，从而加快肺换气的速度。

（2）呼吸膜

呼吸膜对维持血液中氧气和二氧化碳的平衡至关重要，是气体交换的关键结构。呼吸膜的平均厚度不到1微米，最薄处可达0.2微米，这使得气体分子可以迅速通过呼吸膜进行扩散。在安静状态下，约有40平方米的呼吸膜参与运动。在运动状态下，由于肺毛细血管开放数量和开放程度的增加，呼吸膜的面积显著增大，使得氧气与二氧化碳的扩散速度加快。

（3）通气/血流比值

通气/血流比值是指每分钟肺泡通气量和每分钟肺灌血量之间的比值。当正常成年人安静时，该比值约为0.84，此时气体交换效率最高。比值过高或过低都会影响气体交换效率，导致机体缺氧和二氧化碳潴留。

（4）温度

温度对气体交换的影响主要体现在气体分子的运动速度上，温度越高，气体分子的运动速度越快，从而促进了气体的扩散速率。足球运动员在剧烈运动时，会产生大量热量，同时运动时出汗和皮肤血流的增加使机体散热能力受限，导致运动员的体温暂时升高，这时气体分子的运动速度加快，从而提高了气体扩散速度。

四、血液循环与运动

血液循环是指血液在心血管系统中沿特定路径循环往复的流动过程。其主要功能包括：输送氧气和营养物质至机体各器官、组织和细胞，以支持其代谢活动；清除代谢废物，维持内环境的稳定，确保机体代谢的正常进行；通过血液循环，内分泌器官和组织释放的激素和其他体液因子可传递到远距离的靶细胞发挥作用，从而实现机体的体液调节；血液循环还参与白细胞、免疫抗体和凝血因子等方面的运输，以发挥血液的防御功能；血液循环可以将内脏和骨骼肌产生的热量传递至肺和体表进行散热，从而维持体温的恒定。

作为血液循环的动力，心脏持续且规律地收缩与舒张促使血液完成向身体各个部位的运输，也是血液顺利回流至心脏的保障。血管系统作为血液循环的通道，负责运输血液，并通过毛细血管实现与组织细胞间的物质与气体交换过程。

足球运动员在运动过程中，代谢活动的增强及神经和体液的调节作用，使血液循环系统产生适应性改变，以适应运动负荷的需求。长期的运动训练和比赛刺激可促进血管产生适应性变化，如血管扩张能力增强、毛细血管密度增加。这些变化可显著提升足球运动员的血液循环效率，对于保障足球运动员的身体健康及提高他们的运动表现具有重要意义。

五、能量代谢与运动

新陈代谢是不断以新物质替换旧物质的过程，也是维持生命活动的基础。新陈代谢包括物质代谢和能量代谢。机体从外部环境摄取各类营养，以用于组织修复、合成新的生物分子或转变为能量储备物质的过程称为物质代谢。在此过程中，机体也会将产生的代谢废物排出，这一系列反应伴随着能量的消耗、传递及利用，即能量代谢。

足球运动要求运动员具备较高的体能输出，因此他们的代谢速率通常超过一般人。为了在训练和比赛中维持充足的能量供应，足球运动员通常会选择合适的方法来加速代谢过程。这一生理需求也合理解释了他们在日常饮食中的摄入量显著高于普通人群的原因。

（一）能量的代谢途径

人体在生命活动过程中，需进行能量代谢，此能量通常源自食物摄取。食物被消化吸收后，转化为糖、蛋白质及脂肪等能源物质储存于体内。这些能源物质在分解过程中释放能量，其中一部分以热能形式散失，以保持体温恒定；另一部分则转移至细胞内的三磷酸腺苷（ATP）分子中。三磷酸腺苷是各器官、组织及细胞可直接利用的能量载体。然而，细胞内的三磷酸腺苷含量有限，必须通过不断分解与合成，以确保有足够的能量来维持机体的生命活动。

人体总能量消耗主要分配于基础代谢率、食物的生热效应和运动的生热效应三个方面。体内能量转换的核心过程在于三磷酸腺苷的合成与降解。三磷酸腺苷分子中高能磷酸键的断裂伴随能量的释放，以满足机体各类活动的能量需求。然而，除骨骼肌活动所用能量外，三磷酸腺苷释放的能量终将转变为热能形式。

（二）能量代谢的测定原理

热力学第一定律阐述了不同形式的能量在传递与转换过程中始终是守恒的，即能量既不会凭空产生也不会无故消失。机体的能量代谢过程也遵循此定律，无论是热能、化学能还是机械能，其总量是保持恒定的。在静息状态（清醒、空腹、无肌肉活动和精神紧张等）下，由于能源物质分解产生的能量主要以热能形式释放，因此通过测量单位时间内机体的产热量可推算机体的能量代谢率。在运动状态下，测量总能量消耗时，需同时测定机体散热量及对外做功所转化的热量，二者之和即代表单位时间内的能量代谢总量。

（三）影响能量代谢的因素

1. 基础代谢

基础代谢，也被称为基础代谢率（BMR），是指人体在静息状态下维持生命活动所需的最低能量消耗。基础代谢率通过每小时单位表面积最低耗热量减去标准耗热量，其差值与标准耗热量的百分比来计算。基础代谢率受多种因素影响，如性别、年龄等。一般情况下，男性的基础代谢率高于女性；儿童和青少年的基础代谢率高于成年人，随着年龄增长，基础代谢率逐渐下降。

运动员的基础代谢率通常与一般人相近，但由于运动员总体能量消耗较高，因此基础代谢率在总能量消耗中所占比例相对减小。代谢率尤其受到骨骼肌活动的影响，但经过晚上休息，第二天早晨的代谢率应保持相对稳定。若次日晨间的代谢率高于平常水平且无其他明显原因，那么可能表明前一天的运动负荷过大，身体尚未完全恢复。因此，基础代谢可作为评估运动员恢复状况的一个参考指标。

2. 肌肉活动

肌肉活动对于能量代谢的影响较为显著，机体任何轻微的活动都可以提高代谢率。人在激烈运动或劳动时，产热量可超过安静状态下产热量的许多倍，而且在肌肉活动停止后的一段时间内，能量代谢仍维持在较高水平。这是因为运动开始时机体的需氧量立即增加，但是机体的循环、呼吸机能有一个适应过程，摄氧量暂时跟不上肌肉代谢的实际耗氧量的需要，此时机体只能凭借贮备的高能磷酸键和进行无氧代谢来供能，在运动持续过程中机体的摄氧量与耗氧量刚好平衡。因此，在肌肉活动停止以后的一段时间内，循环和呼吸机能要继续维持在较高水平，以摄取更多的氧气。

3. 食物的特殊动力效应

人们在进食后的一段时间内，虽然同样处于安静状态，但所产生的热量要比未进食前有所增加。进食能使机体产生额外的能量消耗，这种现象称为食物特殊动力效应。这可能与营养物质吸收后造成的大脑活动的增强、激素分泌的增加和不能被消化的物质的转移有关。

六、内分泌与运动

人体在适应内、外环境的变化，保持内环境的稳态，维持正常生命活动的过程中，体液调节是一种基本的调节机制。体液调节通过内分泌细胞产生的各种激素来完成。内分泌系统不仅调节着人体的新陈代谢和生长、发育、生殖等重要的基本功能，还与很多器官、系统有着密切的关系。

（一）足球运动与内分泌

足球运动的训练与比赛能够对人体的机能形态产生多方面的影响。在人体对肌肉运动发生反应和适应的过程中，激素都积极参与了调节活动。近年来，随着激素测定技术的发展和普及，人们对运动中内分泌系统的机能变化有了更深入的研究。例如，在足球运动中激素调节能量供应的作用、足球运动应激时激素的调节特点、足球运动中水盐代谢的变化及其激素的调节等。

仅以足球运动中能量供应的激素调节为例，就涉及三大营养物质的代谢及能量转移和运用等诸多方面。在这一过程中，很多激素参与了调节。糖代谢的激素调节很复杂。除神经递质的作用外，胰高血糖素、糖皮质激素、生长激素等都能促进血糖浓度的升高，有利于足球运动时的能量供应。与之拮抗的有胰岛素的降血糖作用。这两种调节机制在足球运动中相互联系，可以维持人体的物质能量代谢，以满足人体在进行各种形式和强度的运动时能量的需要。

内分泌系统和足球运动的密切联系也有着外在的表现。人们在不断研究内分泌与足球运动关系的过程中逐渐认识到，优异的足球比赛成绩在一定程度上与体内的某些激素水平有关，如体内高水平的雄性激素等。因此，就有人企图通过应用一些激素类药物的手段达到提高运动成绩的目的。激素及其有关的药物在各种类型的兴奋剂当中占有很大比重。

（二）体育运动和应激学说

在内分泌研究的进程中，应激学说的提出有着划时代的意义。加拿大学者汉斯·塞里提出该学说，并且创立了关于全身性适应综合征的概念。这一学说所依据的科学事实丰富了人们对内分泌的认识。

应激学说是从大量的实验材料中总结出来的。研究发现，人或动物在遭受创伤、感染、饥饿、寒冷等损伤性因素的作用，甚至精神紧张时都会激起以垂体——肾上腺皮质为中心的应激激素的分泌，产生一系列类似的典型病理变化，如血象改变、肾上腺皮质肥大、胃肠黏膜糜烂等。因此，对应激广义的定义为："应激是机体应付任何需要时的非特异性反应。"[1] 引起机体发生应激反应的诸多因素被称为应激源。剧烈的运动也是应激源的一种，而且运动具有可以定量和可以重复的

---

[1] 王步标，华明. 运动生理学[M]. 北京：高等教育出版社，2006.

特性，因此历来受到内分泌研究的重视。

应激学说的实质集中在周身性适应症的概念和这些表现产生的机理上。应激源所激发的反应使机体企图克服刺激带来的危害，以达到适应的目的。人类在一切日常生活中比较鲜见的强烈刺激所引起的反应及恢复过程总称生理应激（不包括病理过程）。但如果刺激的强度过大或作用时间过长，机体就可能失去适应能力而陷入衰竭等病理状态，称为病症或症候群。足球运动对机体的刺激同样也遵循这一规律。高强度的训练是作用在运动员身上的重要应激因素之一。足球运动员和教练如果能够恰当地控制这种应激的强度，就能有效地使机体对运动应激产生适应，来达到增强体质和提高运动成绩的目的。

在应激的整个过程中，机体非特异性的全身反应是多样的。研究发现，动物在受到各种伤害性的躯体或精神刺激时，其肾上腺增大，肾上腺皮质有强烈的分泌。进一步研究表明，下丘脑、垂体、肾上腺、胸腺等内分泌器官都参与应激反应的调节，涉及神经、内分泌、免疫等系统。以足球运动为例，许多起着重要生理作用的激素，如肾上腺素、去甲肾上腺素、糖皮质激素、甲状腺素、雄激素或雌激素等。在足球运动过程当中和运动后，其血浆浓度都会发生相应的变化，产生相应的生理效应，从而使机体对运动应激逐渐适应，运动能力得以提高。

七、神经系统与运动

神经系统对人体活动与运动的调节是通过大脑皮层、脑干与脊髓三级调控系统，以及大脑基底核、小脑的协调工作共同实现的。神经系统分为中枢神经系统与周围神经系统两部分，主要由神经元构成。神经元之间通过突触进行神经联系，反射是神经系统活动的基本方式。神经系统的工作机制十分复杂，不同的运动类型的调控方法也不同。生理学通常把人类和高等动物全身或局部的肌肉活动称为躯体运动，又依据运动时主观意识的参与程度将躯体运动分为以下三种类型：

（一）反射性运动

反射性运动是指不受主观意识控制、运动形式固定、反应快捷的一类运动，如外部刺激引起的肢体快速回缩反射、肌腱反射和眼球注视等反射性运动。

（二）形式化运动

形式化运动是指主观意识只控制运动的起始与终止，而运动过程大多自动完成的一类运动。这一类运动的形式比较固定且具有节律性与连续性，如步行、跑步、咀嚼、呼吸等。

（三）意向性运动

意向性运动是指具有明确的目的性，完全由主观意识支配运动全程的一类运动。这类运动的运动形式较复杂。例如，足球运动中运动员要准确控制足球的轨迹，精准预判足球的落点并提前跑位等。

第二节　足球训练运动心理学理论

一、运动心理学概述

作为心理学的分支学科，运动心理学是研究人体在体育运动中的相关心理活动及其规律的科学。运动心理学可简单概括为以下四个方面：

第一，人在运动中的心理特征与规律，以及个性差异与运动的关系。

第二，运动对人的心理过程和个性产生短期和长期的影响。

第三，掌握运动知识、技能及训练的心理学规律。

第四，竞赛中人的心理状态及调节。

美国学者考克斯针对运动心理学给出了一个简洁的定义：运动心理学研究的是心理和情绪因素对运动和锻炼表现的影响，以及参加运动所产生的心理和情绪效益。

二、运动动机分析

（一）动机的含义

动机是推动一个人进行活动的心理动因或内部动力。动机能激发并维持人的活动，并使该活动朝向一定目标，以满足个体的需要、愿望或理想等。运动动机是激发与维持个体参与体育运动的内部原因或动力。

一般来说，动机的作用有三个方面：第一，始动作用。动机可以引起或发动个体的活动。第二，指向或选择作用。动机可指引活动向某一目标进行或选择活动的方向。第三，强化作用。动机是维持、增加或制止、减弱某一活动的力量。

运动动机的形成受个人和外在因素的影响，即人的内部需要和外部条件。内部需要是指个体因对某种东西的缺乏而引起紧张状态和不舒服感。内部需要能产生愿望和推动行为的力量，引起人的活动，动机是由需要构成的。外部条件指的是环境因素，即个体之外的各种刺激，包括各种生物性的和社会性的因素。环境因素是产生动机的外部原因。行为可由需要引起，也可由环境因素引起，但往往是内、外因素交互影响的结果。其中，内因是主要的，外因通过内因起作用。某一时刻最强烈的需要构成最强的动机，而最强的动机决定人的行为。

（二）运动动机的分类

1. 外部动机和内部动机

根据动机的来源可以把运动动机分为外部动机和内部动机。来源于客观外部原因的动机称为外部动机，来源于主观内部原因的动机称为内部动机。

外部动机以社会性需要为基础，人通过某种活动获得相应的外部奖励或避免受到惩罚以满足自己的社会性需要。它是汲取外部力量的动机，是从外部对行为的驱动。内部动机以生物性需要为基础，人通过积极参与某种活动应对各种挑战，从中展示自己的能力。它是从内部对行为的驱动。

一般来说，运动员参加体育运动完全可以既为了内部奖励，也为了外部奖励。也就是说，运动员的动机既有外部的又有内部的，运动员的运动表现同时受到这两种因素的影响。外部动机对内部动机的影响既可以是积极的，也可以是消极的，这取决于外部奖励的方式及运动员对内部奖励和外部奖励重要程度的认识。如果奖惩得当，则外部奖励甚至小范围内的惩罚都可激发运动员的正确行为，并促进外部动机向内部动机的转化。反之，则有可能破坏内部动机，得到相反的效果。

2. 直接动机和间接动机

根据兴趣的特点可以把运动动机分为直接动机和间接动机。由直接兴趣所导致的指向活动过程本身的动机是直接动机，由间接兴趣所导致的指向活动结果的动机是间接动机。例如，有的运动员对于自己所从事的运动本身感兴趣，从中可以最大限度地发挥和体现自己的潜力，收获快感。这种动机属于直接动机，即指向训练本身的动机。也有的运动员因为取得优异成绩，可以获得奖励，这种奖励所维持的动机源于间接动机，即指向训练结果的动机。一个运动员在训练中往往同时受到这两种动机的驱动。

3. 生物性动机和社会性动机

根据需要的对象，可以把运动动机分为生物性动机和社会性动机。以生物性需要为基础的动机称为生物性动机，如因饥饿、口渴而产生的动机；以社会性需要为基础的动机称为社会性动机，如成就动机、交往动机。

（三）运动动机相关理论

1. 归因理论

归因广泛存在于社会生活的方方面面，是个体随时随地都会发生的一种心理活动。韦纳对归因理论的解释最为简练易懂，他指出个体在遇到事情时通常会做出一定的归因，如能力、努力、运气和任务难度。这四种归因又可分为三个维度，即控制点、稳定性和可控性。

正确的归因可以激励个体，错误的归因会阻碍个体采取积极的行动。目前，有关归因理论的研究结果并不一致，但是采取恰当合理的归因可以有效地指导运动员，特别是青少年运动员的训练和比赛。有计划的归因训练可以改变运动员认识成绩的方式，也可以改变运动员的实际表现。在培养青少年足球运动员的过程中，要对心理培养和建设给予充分的重视，特别是动机培养、归因练习，这些都是运动员训练的重要组成部分，与体能训练、技战术训练等同等重要。

2. 自我效能理论

自我效能是美国心理学家班杜拉在1977年提出的一个与动机有关的概念。自我效能是指一个人完成一项任务的信念，能够影响人对活动的选择、人的努力、人的坚持性和人的成就。这种信念就是人对于能否胜任某项工作的知觉。人们在参与某个活动时具有不同的自我效能水平。自我效能的获得有三种途径，即先前经验、个人品质和社会支持。当人们从事某些工作时，他们可以获得自己做得怎样的信息，这些信息反过来又影响他们继续学习和工作的自我效能。研究表明，有三种因素影响自我效能，分别是榜样、目标确定和反馈。自我效能理论的核心是个体对自己能力的知觉。自我效能使人回避超过自己能力的活动，而投入能够承担的任务，并相信自己能胜任，遇到困难也能克服并坚持下来。自我效能和自信心的概念在意义上有些相近。

自我效能理论促进了人们对于动机和行为的认识。研究表明，自我效能可以预测人的动机和行为。然而，该理论建立在能力是先天的、固有的观点基础上，但实际上，人的能力是发展的，而且个体之间是有差异的，并不是所有的人对自己能力的知觉都产生有效的行为。

3. 目标定向理论

目标定向理论认为，当人们面临一个活动时，不同人格倾向的人会追求不同的目标，即成绩目标和学习目标，还有人称其为任务参与和自我参与，也有人称其为掌握目标和能力目标。尽管名称不同，但其内涵是相同的。任务参与状态下的个体关心自己是否已经掌握了任务或是否提高了掌握的水平，自我参与状态下的个体则必须对自己和其他人的努力程度和成绩进行比较。任务参与是一个理想的状态，学习成为学习本身的目的。任务参与的个体倾向于选择中等难度的任务，而自我参与对于能力较低的个体来说会产生不利于学习的任务选择，即他们容易倾向于选择那些要么很容易、要么很困难的任务，以使自我不受到伤害。自我参与定向降低了能力知觉较低的个体的成绩，而不会降低能力知觉较高的个体的成绩。

目标定向不同，运动员的归因方式也不同。一般认为，自我参与定向强调能力方面的归因，任务参与定向则强调归因于努力。曾有一个研究，即让高中生完成体育运动中的任务定向和自我定向问卷，并让他们指出对一系列体育活动中成功原因的同意程度，这一系列原因可以分为四个维度，即努力、能力、欺骗和外部因素。结果表明，任务定向和认为体育活动中的成功是由于努力的观念有正相关；自我定向则相反，它与认为体育活动中的成功是由于具有先天能力的观念有正相关。

在任务参与中，对能力的知觉是以自我为参照的，它强调掌握任务，于是可以假定任务参与将促进能力知觉的发展。在自我参与中，个体要获得能力知觉就意味着超过他人，或者付出较少努力而获得相似结果。这样，自我参与会增加感觉无能的可能性，特别是那些已经怀疑自己能力的人更是如此。

还有研究表明，任务定向和亲社会行为与对运动参与的适应成就信念有关。自我定向则相反，与消极的社会行为及对运动参与的不相适应成就信念有关。这表明，任务定向能够促进青少年在竞技性体育活动中产生适应性的认知和情绪。

4. 能力知觉理论

能力知觉理论可以说是动机相关理论的核心。不管是自我效能理论，还是目标定向理论，都以能力知觉理论为基础。能力知觉理论指出：如果一个人认为自己有能力获得成功，即能力知觉高时，那么他就会参与活动；如果一个人认为自己无能，那么他参加一项活动时就会产生焦虑，从而降低他的动机，以至于退出这项活动。根据这个理论进行的研究表明，运动员的能力知觉一般较高。

运动员对自己能力的评价是复杂的：首先，要对对手的能力做出评价；其次，自己的能力与对手相比如何；最后，还要评价自己和对手要付出多大的努力。努力的评价是教练、观众、队友经常强调的一个重要的方面。

（四）运动动机的强化

强化动机理论是由联结主义理论家提出来的。联结主义理论认为，一切行为都是由刺激与反应构成的，即联结主义认为在刺激和反应之间不存在任何中间过程和中介变量，既然不存在任何中间变量，那也就不可能到中间过程或中介变量中去寻找行为的动力，只能到行为的外部去寻找。因此，他们把人类行为的动力归结到强化。什么是强化呢？强化是指出现可接受的行为时，或者给予奖励，或者撤除消极刺激的过程。因此，联结主义试图用强化来说明行为的引起与增强。在他们看来，人的某种行为倾向之所以发生，完全取决于先前的这种行为与刺激因强化而建立起来的稳固联系，当某种行为发生后给予强化，就可以增加该行为再次出现的可能性。按照这种观点，人类做出任何良好的行为都是为了获得回报。因此，在体育运动中，采用各种外部手段，如奖赏、赞扬、评分、等级、竞赛等，是激发动机不可缺少的手段。强化既可以是外部强化，也可以是内部强化。前者是由外部或他人施予行为者的强化，后者是自我强化，即行为者在活动中获得了成功而增强成功感和自信心，从而增加了行为动机。无论是外部强化还是内部强化都有正强化与负强化之分，并与惩罚有着千丝万缕的联系。一般说来，正强化和负强化都起着增强学习动机的作用，如对获得优异成绩进行适当的表扬与奖励属于正强化，而取消频繁考试等便是负强化，惩罚一般起着削弱动机的作用，但有时也会使人在失败中重新振作起来。

一般来说，奖励的方法优于惩罚的方法，因为它比惩罚更能鼓励正确的行为。当然，惩罚也是必要的，因为它有利于减少错误行为反复出现的可能性。进行动机强化时应注意三大原则：第一，明确规定应获得奖励的行为、奖励的条件和奖励的标准；第二，最好对达到行为标准的良好表现进行没有规律的强化；第三，奖励不能过量，不能让运动员和教练试图控制他们的行为。

三、运动团体与运动表现

（一）团体凝聚力

1. 团体凝聚力的定义

社会心理学家将团体界定为由两个或两个以上的个体组成、彼此互动或相互影响的组合。卡伦等将运动队界定为由两个或以上的个体组成的团体，成员具有共同身份、共同目标、共同命运，成员使用结构化的模式交流及互动，成员之间相互依存、相互吸引，以一个整体的形式存在。

团体凝聚力反映的是团体倾向于聚集在一起、追求某一共同目标的动态过程。这一定义体现了凝聚力的动态性、工具性和情感性。凝聚力是团体生活的重要影响因素。

2. 团体凝聚力的心理结构

团体凝聚力是一个多维结构，包括任务凝聚力和社会凝聚力。任务凝聚力是指队员团结一致为实现某一特殊的或可识别的目标做出努力的程度。社会凝聚力是指团体成员相互欣赏、愿意成为团体一员的程度。对运动团体而言，任务凝聚力与队员团结一致为了实现同一目标相关联。例如，为了球队赢得比赛，每个队员相互配合、相互支持，最大限度地发挥自己的位置职责，给队友创造最佳机会等，都是为了一个共同的目标。社会凝聚力则与队员之间的相互欣赏、相互认同和吸引有关。值得注意的是，任务凝聚力并不等于社会凝聚力。运动员之间也许有较低的社会凝聚力，但是这并不妨碍他们有极高的任务凝聚力。

3. 团体凝聚力的效果

个体及团体效果都包括行为效果、绝对及相对表现效应。个体效果还包括满意度。运动队或运动员个人的输或赢，是团体及个体绝对运动表现效应的衡量指标。将一支运动队或一名运动员目前的表现与先前表现相比较，则衡量了团体及个体的相对运动表现效应。例如，一名运动员也许"输掉"了一场比赛，他的绝对运动表现效应失利，但获得了参赛以来的最好成绩，就是相对运动表现效应的提高。另外，团体凝聚力会影响个体对团体其他成员及团体的满意度。

（二）团体凝聚力与运动表现

团体凝聚力与运动表现间互相影响。凝聚力会影响运动表现，反过来，运动表现也会影响凝聚力。有学者曾做过大量的研究，结果发现凝聚力与运动表现之间存在着正向关系。例如，高水平的凝聚力将使个体付出更多的努力，进而提升个体的运动表现，反过来会促进团体的凝聚力，呈现出循环关系。

（三）促进团体凝聚力的途径

一个运动团体一般包括教练、体能教练、领队、运动员、心理咨询人员等，不同的角色承担着不同的影响能力，如果要提升团体的凝聚力，则需要全体成员协同努力。

1. 教练要创造有效沟通的环境

研究发现，团体成员的有效沟通与凝聚力提升呈现循环关系，即沟通的增加可以提升团体的凝聚力，凝聚力的提升又会促进成员之间更多、更有效地沟通，循环往复。因此，教练或团体领导者有责任创造一个有效沟通的环境，促进所有运动员能够在一个轻松、和谐的氛围中进行自由表达，抒发自己的思想和情感，并且能够得到认真的回应或对待。一个团体的领导者应注意打造开放式的沟通渠道和环境，促进凝聚力的提升，凝聚力的提升又会鼓励团体成员间更加开放地沟通和交流；鼓励每个队员能够真诚地表达自己的正面或负面的情绪，秉持着开放和建设性的原则，使团体彼此之间具有深度的了解、更少的误解，这些都是积极建设团体凝聚力的有效途径。

2. 明晰个体在团体中的角色

如果每名运动员都能清晰地知道自己在团体中的角色，那么将有助于提升团体的凝聚力。这首先需要教练清楚地解释每个成员的角色，以及每个角色对团体成功的重要性。每名队员在明确了自己的角色认知之后，如果对个人目标和团体目标有了整体把握，那么对接下来的努力具有非常重要的指导意义。此外，一个具有高度凝聚力的团体，每名成员的努力都会潜移默化地带动其他成员也投入和付出等量的努力。

3. 设定具有挑战性的团体目标

具有挑战性的目标对个体和团体都有正向激励的作用。这里要强调的是，设定目标是对一个努力过程的预期，不仅仅指向结果。也就是说，目标要关注过程和表现，而非仅局限于最终结果。例如，假设团体达成目标，那么团体会因为每个人的努力、表现和结果而受到鼓舞，也会提升团体的凝聚力。假设团体没能达成目标，可是每个人付出的努力及更好的表现也是对目标的回应和实现，同样具有意义，是阶段性的进步，是为达到目标的一次有效努力。

4. 提升成员对团体的认同感

打造团体的独特性有助于提升团体认同感，进而提升团体凝聚力。因此，教练可以留意挖掘团体的独特性，并通过一些手段或仪式展示，提升成员对团体的认同感，进而提升团体凝聚力。

第三节　足球训练多步渐进式模型

一、长期运动发展

长期运动发展的进程以个体开始踢足球为起始点，以运动体验的终止为结束点。长期运动发展的主要问题是如何在两种战略中进行抉择，即早期的专业化或全面发展。实践表明，许多训练对足球运动员的发展有好处，如一般性的基础游戏（捉迷藏、计分游戏、跳橡皮筋、跳绳）、运动游戏、体操与跳跃、基础武术、田径（用接力棒、小木棒或圆环进行的小型接力跑）、冬季运动与游泳等，如表 2-3-1 所示。

表 2-3-1　一般化足球训练项目与意义

训练项目	训练意义
基础游戏	提升协调性，获得足球技战术经验
运动游戏	提升适应能力与比赛解读能力
体操与跳跃	提升敏捷性和基本力量
基础武术	提升反应能力
田径	提升速度与体能
冬季运动与游泳	提升协调性与体能

二、青少年的训练与比赛计划

理论和实践都已经证明，在训练项目中加入一般化的训练刺激是很有必要的，理由如下：第一，青少年足球运动员积累各式各样的动作经验后，能加快基础足球技术的学习步伐；第二，基础游戏与趣味足球游戏可以极大地提升青少年足球运动员的临场发挥能力；第三，随着肌肉、肌腱、骨骼（支撑性组织与连接性组织）的各种拉伸，青少年足球运动员的损伤抗性得到增强，并且有利于机体的和谐发展；第四，特殊形式的一般化训练器材可使训练更富有趣味；第五，在足球年龄成熟期所获得的显著进步，通常都基于早年的一般化训练准备。

训练有素这一理想状态可以通过多种方式达到。最简单的方法就是进行大量的高强度专业化训练。在训练青少年足球运动员时，若想实现长期目标，这一方案并不可取。相对立的方案为一般化的发展性训练。但由于教练缺乏长期运动发展的概念和知识，该方案通常会被教练回避。在这个年龄段，个体如果接触了各式各样的发展身体能力的训练方法，则在成年之后所能够选择的训练方法就会减少。运动员如果很早就适应了某种身体运动强度，那么之后使用同样的训练方法将会失去效力。

确保一般化训练与专业化训练的正确比例，避免给青少年足球运动员过高的比赛要求和训练强度，能够使其迅速成长而不感到过多压力。

训练项目与计划由以下因素决定：各发展阶段的年龄限定，各阶段的主要目标和训练中心点，训练的基本观念、方法和组织形式，各种训练的数量关系，比赛的数量和对抗的程度，监测每一年龄段的进度与能力标准的准则。

青少年足球运动员的训练要分多个阶段进行，以便激发他们的身体潜能和心理潜能，精确管理机体发展所需的能量。通过这种方式，训练活动监控并鼓励青少年足球运动员的自然发展，避免了早期的高强度训练及过早的专业化。在运动生涯的开始阶段，一般化训练准备要占总训练量的80%。但是，对于优秀的足球运动员来说，这一比例将逐渐下降，最后只占到总训练量的10%~20%。

在基础训练准备阶段（9~12岁），训练的主要目标是鼓励青少年足球运动员加强长期训练，掌握复杂多样的足球技术，主要任务是建立足球运动所需的技术基础、身体能力和功能性能力。正式比赛的经验应逐步积累，但是训练备赛并不是这一阶段最主要的任务。

初始专业化阶段（13~15岁）所要求的运动强度更大。本阶段的目标是使训练逐渐接近成年人的训练模式。青少年足球运动员要调整好自己，以便在比赛中取得更好的成绩。青少年运动员除了要完善自身技术和团队战术，身体素质训练也很重要，尤其是力量和爆发力迅速发展。一般化训练占总训练量的20%~30%，如表2-3-2所示。

专业化阶段（16~18岁），青少年足球运动员要接受专业化训练，要能够执行具体的球队战术，并根据比赛周期进行规律训练。

表2-3-2 青少年足球运动员训练的多步渐进式模型

训练阶段	训练内容	训练目标	对应年龄
基础训练准备阶段	分阶段A 各类技术练习与游戏	掌握足球技术，获得基本经验	9~10岁
	分阶段B 更有难度的足球技术	提升足球技战术水平	11~12岁
初始专业化阶段	综合性的各方面训练	适应团队战术与比赛压力	13~15岁
专业化阶段	专业化训练	适应具体球队的战术，按照比赛周期进行规律训练	16~18岁

作为足球运动的一部分，比赛是一种教育和学习的手段，它能让运动员了解自己、了解他人，享受运动，提高技能。每一年龄层次的足球运动员都有一定数量和规格的正式比赛，这些比赛具有各自的持续时间、球场大小、球门大小和参赛队伍的运动员数量。实践经验表明，在小球场中进行的比赛、参赛运动员更少的比赛，相对于 11∶11 的比赛，能让青少年足球运动员更快地提升足球运动水平。

第三章 青少年足球运动员身心发展特征

青少年足球运动员是我国足球运动发展不可或缺的储备力量，对其进行系统化、科学化的训练与教学，是促进我国足球事业发展的关键举措之一。全面掌握其身心发展的基本状况是培养与训练青少年足球人才的关键，是因材施教、实施有针对性训练的前提与基础。本章将重点剖析与阐述青少年足球运动员的身体与心理发展特征。

第一节 青少年足球运动员的身体发展特征

一、青少年足球运动员身高与体重的发展特征

青少年足球运动员在足球训练中的表现，可以体现其身体发育进程。作为训练的主导者，教练需对训练对象的基本发展状况有清晰的认知，以便制订适宜的训练计划、安排科学的训练负荷，以使之与青少年的生长发育特性相契合。具体而言，足球教练需掌握的训练对象的基本发展状况涵盖两个层面：一是深入了解每位青少年足球运动员的特长及掌握青少年足球运动员个体间的差异，二是从宏观角度着重理解青少年足球运动员身心发展的普遍规律与特性。

一般来说，在10岁之前，男生和女生在身高与体重的增长速度上较为接近。自10岁起，两者之间的生长速度出现差异，并且快速增长的时间点也有所不同。女生在10岁之后迎来身高与体重的快速增长期，而男生则大约在13岁时才会进入此阶段。到了14岁，从整体来看，男生的平均身高要高于女生的平均身高。

女生身高在某一阶段后将停止增长，尤其在生理期后，其身高通常最多可增长 5 厘米。相比之下，男生身高的增长持续时间较长，即便在 20 岁之后，仍会持续增长。

青少年的身高与体重的发育规律，是足球教练在对青少年足球运动员进行训练与培养过程中必须重点关注的参考指标。依据这些规律进行针对性训练，不仅对促进青少年足球运动员的健康成长与发育有所帮助，还能更高效地实现训练目标。

二、青少年足球运动员生理系统发展特征及训练注意事项

（一）呼吸系统

1. 发展特征

青少年足球运动员的呼吸频率通常较快。随着年龄增长，其呼吸深度与肺活量逐步增加。青少年摄氧量的增长通常遵循一定规律，各年龄段增速有所差异。通常情况下，在 10~11 岁和 13~14 岁两个阶段，青少年摄氧量的增长速度较快，而在 16~17 岁时增速明显放缓。相较于成年人，青少年的最大摄氧量和负氧债能力都相对较低。尽管他们的肺通气量与成年人存在较大差距，但若以每千克体重计算，其肺通气量则相对较大。在足球训练过程中，青少年足球运动员通常可通过提高呼吸频率来促进肺通气量的提高。

2. 训练注意事项

针对青少年呼吸系统的发展特性，足球教练在训练青少年足球运动员时需关注以下两个关键方面：

（1）有氧代谢能力的提高

在训练过程中，应避免过长时间的持续训练及高强度训练。随着青少年足球运动员的年龄增长和呼吸肌发育，无氧代谢能力的提高也需关注。

（2）需注重动作与呼吸的协调

教练应提供科学指导，并不断提醒青少年足球运动员采用鼻呼吸，以克服张口呼吸的习惯。

（二）神经系统

1. 发展特征

（1）生理系统发展速度存在先后和快慢差异

神经系统最早且最快发育。例如，青少年在初步建立条件反射后，其稳固性较弱，至6岁左右稳固性增强，同时，动作技能形成能力也随之提升。然而，青少年整体神经活动过程稳定性不足，抑制过程占主导地位，并且在大脑皮层中快速扩散，因此在足球训练中容易出现多余动作。

青少年足球运动员在儿童时期建立条件反射的速度比较快，但条件反射同样会以较快的速度消除与恢复。青少年的皮质抑制过程与其年龄成正比，年龄越小，皮质抑制过程的强度就越小，完善度也就越低，而且分化能力也会因此受到影响。8岁以后，儿童皮质细胞的分化能力与成年人相接近。13~14岁，青少年建立了良好的皮质抑制调节机制，综合分析能力逐步提高，青少年可以以较快的速度建立各种条件反射，但即使如此，其神经系统的发展依然会受到一些因素的影响，如分化能力尚未完善、小肌肉群的发育较弱等。因此，面对一些复杂且精细的足球技术，青少年要在短期内掌握实属不易。到了14~16岁，青少年的分化能力较之前会有很大程度的增强，而且在之后会不断提高。

（2）各阶段的特点

青少年足球运动员在儿童时期，第一信号系统的活动占优势，第二信号系统的发育不完善，直观形象思维能力较强，善于模仿，而抽象思维能力较差。9~16岁时，第二信号系统机能进一步发展，联想、推理、抽象、概括的思维活动逐渐提高；17~18岁时，第二信号系统已发展到一定水平，两个信号系统的相互关系已经比较完善。

（3）易疲劳也易恢复

对于青少年而言，其大脑皮质神经细胞的工作能力并不强，所以很容易产生疲劳现象，但青少年的神经过程具有较高的灵活性。神经细胞的物质代谢较为旺盛，一般在短时间内就会产生合成作用，因此疲劳很快就会消除。在足球训练中，青少年足球运动员的各种中枢和各器官的机能都会得到不同程度的调动。

2. 训练注意事项

基于青少年神经系统的发展特性，足球教练在训练过程中需关注以下两个关键点：

（1）注重多样性与趣味性

训练课程的内容设计应注重多样性与趣味性，尤其是运用游戏化教学方法，以提高训练过程的吸引力，避免训练时单调乏味。青少年足球运动员需合理安排休闲时间，保持良好的情绪与充沛的精力，以便全身心投入足球训练，减少疲劳的产生。

（2）利用直观教学法

在足球教学过程中，教练应充分利用直观教学法，如示范、图表、模型等。在语言讲解时，需考虑青少年足球运动员的理解能力，避免使用过于专业、深奥的术语，转而采用通俗易懂的语言，以便青少年足球运动员更快、更好地理解。针对重点内容，教练可采用口诀等形式进行讲解，便于青少年足球运动员记忆与掌握。随着青少年足球运动员年龄的增长和抽象思维能力的提升，教练可逐渐引入专业术语，深化其对训练内容的理解与掌握，使其更加理性地参与足球学习与训练。

（三）循环系统

1. 发展特征

虽然青少年的心脏容量与成年人相比较小，并且心脏重量相对较轻，但相对比例与成年人相比则要大。随着年龄增长，青少年的心脏容量逐渐扩大，至青春期接近成年人水平。同时，心脏重量也随年龄增长，在青春期时与成年人相近。如果青少年的身高增长迅速且身体发育良好，则在青春期后，其心脏发育速度可能超过发育缓慢的同龄人。然而，无论发育速度快慢，青少年在血管发育方面差异不大，均较为缓慢，并且常出现血压升高现象。通常情况下，高血压于11~12岁青春期初期开始出现，随着年龄增长逐渐上升，15~16岁时达到高峰，17岁后血压增长速度放缓。

2. 训练注意事项

与成年人相比，青少年的血量占体重比例较高。青少年阶段是足球运动员身体发育的关键时期，为确保其在此阶段能够健康成长，需给予补充丰富的营养物质，特别是维生素、蛋白质、铁及其他矿物质。在足球训练中，糖、铁和蛋白质的补充对青少年运动员至关重要，应在训练前半个月开始加强补充，有助于预防运动性贫血。

教练需明确青少年足球运动员所能承受的运动量有限。因此，在足球训练过程中，应根据青少年足球运动员的身体状况和运动基础，科学安排运动量和训练负荷，避免过度训练导致心肌疲劳。

在足球训练过程中，应根据青少年足球运动员的生理特性及身体状况等有针对性地进行训练与培养，同时训练要由浅入深，避免过于刻板或急功近利。

三、青少年足球运动员身体素质的发展特征

青少年足球运动员的身体发育呈现周期性及年龄阶段性特征。这种发展特征主要受青少年自然生长发育规律和运动训练双重因素的影响。

在青少年的生长发育过程中，身体素质的发展可分为两个时期，即自然增长时期和稳定发展时期。自然增长时期是指青少年在年龄增长过程中，身体素质逐步提升的时期。在此阶段，青少年的身体素质的提升速度可能表现为快速或缓慢两种趋势。当青少年身体素质能力提升趋缓或停滞时，便进入了稳定发展时期。

在青少年的生长发育过程中，女生身体素质的发展通常会在11~14岁和19~25岁两个年龄段出现峰值。在首个峰值过后，女生身体素质的发展速度减缓，甚至出现下降趋势，直至18岁后才逐渐回升。相比之下，男生身体素质的发展仅在19~20岁这一个阶段出现峰值，此后身体发展速度减缓，乃至逐渐下降，尤其在23岁之后下降得更为明显。

德国训练学专家哈特曼用15年的时间对德国2000多名赛艇运动员进行跟踪研究后发现，如果以18岁时的能力水平作为基准线，44位世界冠军运动能力的提高速度随着年龄的增长而下降。在22岁左右，其运动能力达到最高水平；在22岁之后，其运动能力呈波浪式发展。

上述规律在青少年足球运动员身体素质的发展中同样能够得到体现。青少年各项身体素质的发展达到最高水平或近似最高水平就是在22岁左右。因此，青

少年足球运动员特别要重视加强身体素质的训练，教练要科学制订体能训练计划，有效指导青少年足球运动员的身体素质训练，促进其体质的不断增强和足球竞技能力的不断提高。

青少年运动员的身体素质涉及多个方面，下面主要对力量素质、速度素质、灵敏素质、耐力素质四个方面进行分析。

（一）力量素质

针对青少年足球运动员的力量素质评估，主要采用绝对力量和最大力量两项指标。青少年女性足球运动员的力量素质发展与性成熟年龄中度密切相关，而青少年男性足球运动员的力量素质发展则与其性成熟年龄紧密相连。对青少年男、女性足球运动员的力量素质进行评估时，通常采用握力测试的方法，以便更好地了解其力量素质状况。力量测试结果显示，青少年力量素质的发展特征与规律如图3-1-1所示。

观察图3-1-1可知，青少年足球运动员的力量素质在儿童时期已呈现出较快的增长速度。进入青春期后，其力量素质会出现一个显著的跃升。通常情况下，女性力量较男性小，7岁前女性力量约为男性的90%，至18岁时降至男性的60%。

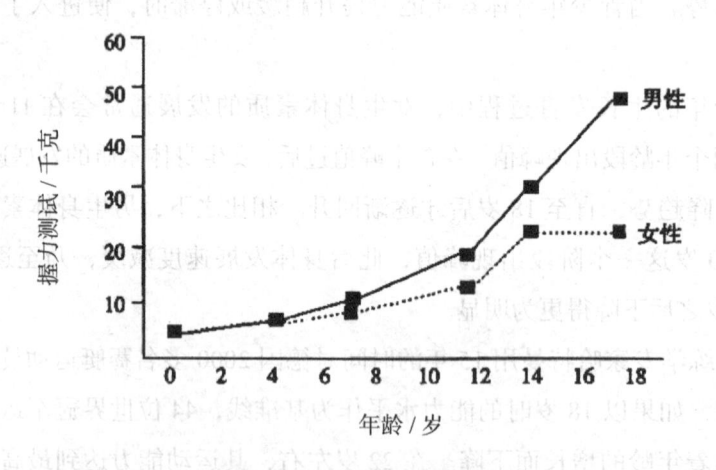

图3-1-1 青少年力量素质发展

在速度力量性运动项目中，影响运动成绩的关键因素在于爆发力。运动员在最短时间内，以最快加速度克服一定阻力的能力就是爆发力。当对运动员的爆发力进行衡量时，可采用立定跳远这一测试方法。通过调查研究发现，男性立定跳远的成绩在5~12岁阶段要高于女性。在12岁以后，男性爆发力仍在以较快的速度发展，而女性爆发力的发展却呈下降趋势。

（二）速度素质

速度素质是指迅速完成动作的能力，可细分为位移速度、动作速度和反应速度三个类别。

青少年足球运动员的速度素质对其比赛表现具有决定性影响。调查显示，相较于其他球类项目的运动员，足球运动员的速度素质更优。尽管如此，与短跑运动员相比，足球运动员的速度素质仍存在一定差距。通常情况下，优秀足球运动员需在4秒内完成30米跑，并且前10米跑的时间不超过1.65秒，这是对其速度能力的基本要求。

速度素质与耐力素质紧密相关，因此在训练青少年足球运动员的速度素质时，应与耐力素质训练相结合。然而，部分运动员和教练未能充分认识到这一点，往往仅选择其中一项进行训练。这导致部分具备良好耐力素质的青少年足球运动员在速度素质方面表现不佳，而具备良好速度素质的运动员耐力素质却较差。唯有兼具较快的速度与良好的耐力，才能显著提高青少年足球运动员在比赛中取得优异成绩的概率。

对于速度的类型与形成过程的研究，国外一些训练学专家提出了新的观点。这些专家认为，与一般的速度相比，足球运动员的速度素质更加复杂。青少年足球运动员的速度素质应该从两方面加以体现：一是反应速度，即对足球进行处理的速度，如奔跑、急停与冲刺的速度；二是对赛场信息进行处理并做出判断与决策的速度。

同时，拥有良好的速度素质和耐力素质对于青少年足球运动员来说相对较难，这是从生物力学和生理学的视角进行分析的结果。事实上，如果一名足球运动员拥有良好的速度素质，那么对其进行耐力素质训练就比较容易。与此相反，对耐力素质良好的足球运动员进行速度素质训练则比较困难。从这一点来看，在选拔青少年足球运动员时，要将速度素质当作一项重要的选拔指标，至于耐力素质，则可以通过之后的训练来提升。

(三)灵敏素质

灵敏素质是指灵活改变运动方向的能力,要求在变换方向时保持身体平衡,并控制好力量和速度。青少年足球运动员可通过训练来提升足球技巧、提高对比赛节奏的掌控力、提高移动速度,从而提升灵敏素质。

实际上,灵敏素质可以通过专项训练不断提升。青少年足球运动员若能主动锻炼灵敏素质,则将有助于提高肌肉工作效率,并对预防运动损伤产生积极作用。

经过系统训练所提升的灵敏素质通常能够维持较长时间,并且不需要频繁训练就可以使其稳定。这是灵敏素质相对于力量素质、速度素质来说,所独有的特性与优势。灵敏素质涵盖协调能力、平衡能力、随机性灵敏素质和程序性灵敏素质等多个方面,这些要素均融入了速度、力量、时机和节奏等关键因素。通常来说,灵敏素质可视为速度、力量等多种素质相互作用和综合体现的结果。

1. 协调能力

协调能力是指运动员在外部压力的作用下,能够运用特定技巧顺利完成动作的能力。具备良好协调能力的运动员通常能够依照动作的时间顺序和逻辑顺序流畅地完成技术动作,这与运动生物力学的原理相契合。对于运动员协调能力的训练,一种常见的方法是先进行分解练习,逐步掌握各个动作要素,然后进行完整练习,以整合并优化整个动作流程。

研究显示,青少年足球运动员的协调性运动觉通常形成于6~12岁,即小学时期。在这一阶段,协调性运动觉的发展对青少年足球运动员的综合反应能力和平衡能力具有决定性作用。

2. 平衡能力

在进行足球训练时,青少年足球运动员须具备良好的平衡能力,这一能力同时也是运动员参与足球运动不可或缺的基本技能之一。相较于其他能力,平衡能力的提升较为容易。然而,在日常训练过程中,部分足球运动员对此并没有给予足够的重视。实际上,平衡能力训练不需要投入大量时间,仅需在训练初始阶段抽出5分钟即可。由于运动员在训练初期精神状态饱满、注意力集中,并且神经肌肉系统反应敏感,此时进行平衡能力训练效果尤为显著。通常情况下,青少年足球运动员每周进行2~3次平衡能力训练即可满足需求。

3. 随机性灵敏素质

随机性灵敏素质是指青少年足球运动员在训练初期，对于训练模式和运动需求尚未充分了解的情况下表现出的运动能力。教练在训练青少年足球运动员的随机性灵敏素质时，主要是观察其在不同听觉和视觉刺激下的反应，并对其反应速度和适应能力进行针对性训练。同时，在训练过程中需要注意随机性灵敏素质所具有的随机性这一核心特征。

4. 程序性灵敏素质

程序性灵敏素质是指运动员在已熟练掌握某些技巧，或者在明确压力情境并知晓即将进行的练习的基本框架与顺序结构后，所呈现出的灵敏性。在培养青少年足球运动员的程序性灵敏素质时，青少年足球运动员并不具备完全的自主随意性。在训练过程中，随着青少年足球运动员对技巧的逐步掌握和对训练模式的适应，应适时提升训练负荷与增多频次，并同步强化灵活性、爆发力和身体控制能力的综合性训练。

（四）耐力素质

1. 无氧耐力的发展

无氧耐力是指机体在无氧代谢条件下持续进行肌肉工作的能力。在高强度运动中，糖的无氧酵解成为体内主要的能量供应途径。无氧耐力的发展受多种因素影响，包括肌纤维类型、肌肉内糖酵解供能效率、脑细胞对血液酸碱度变化的适应能力、乳酸缓冲能力、年龄和性别等。

（1）肌纤维类型

个体的无氧耐力水平与其肌纤维类型的组成密切相关。通常，快肌纤维占优势的个体往往具备较强的无氧耐力。

（2）肌肉内糖酵解供能效率

肌肉中肌糖原的含量及无氧酵解酶活性的高低，对肌肉内糖酵解供能效率有直接影响。研究表明，不同青少年足球运动员的腿肌中慢肌纤维比例和乳酸脱氢酶活性存在差异。

（3）脑细胞对血液酸碱度变化的适应能力

虽然进入血液的乳酸通过血液中的缓冲物质能够得到中和，强度会有所减弱，但因为有大量的乳酸进入血液，血液酸碱度的发展会倾向于酸性，而且由于氧供应不足而出现的代谢产物堆积都会对脑细胞的工作能力造成不利的影响，使运动疲劳出现的时间较早。因此，脑细胞对这些因素的适应能力也是对无氧耐力造成影响的一个重要因素。青少年足球运动员如果经常参与无氧耐力训练，就会提高脑细胞对血液中代谢产物堆积的适应能力。

（4）乳酸缓冲能力

乳酸在肌肉无氧酵解过程中产生后进入血液，将会影响血液的酸碱度。然而，因为受到缓冲系统的影响，血液酸碱度的变化不至于太大，人体内环境的相对稳定性还是能够维持的。碳酸氢钠的含量和碳酸酐酶的活性在一定程度上会决定机体缓冲乳酸的能力。研究表明，无氧耐力训练可以促进血液中碳酸酐酶活性的提高。

（5）年龄和性别

年龄和性别对无氧耐力有很重要的影响。年龄和性别不同，无氧耐力也会有所差异。通常，青少年女性足球运动员在8~14岁的无氧耐力增长速度要慢于青少年男性足球运动员，青少年男女足球运动员无氧耐力的差距最为显著的时期是11~12岁。此外，青少年足球运动员无氧耐力的发展进入平台期的时间也存在性别差异，一般男性在17岁，女性在15岁。

青少年足球运动员在足球比赛中要发挥反复跳跃能力和间歇性反复冲刺跑的能力，就需要无氧耐力提供一定的保障作用。青少年足球运动员的专项体能特征主要也是通过反复跳跃能力和间歇性反复冲刺跑的能力体现出来的。一般来说，青少年足球运动员在儿童时期就能够获得这两方面的能力，主要就是受无氧供能系统自然生长的影响。青少年足球运动员获得专项体能素质之后如果忽视了耐力训练，就难以促进这些能力的巩固与提高。

2. 有氧耐力的发展

人体在长时间内进行以有氧代谢（脂肪和糖等有氧氧化）供能为主的运动能力就是有氧耐力。

最大摄氧量与有氧耐力密切相关。人体在从事有大量肌肉群参加的长时间剧烈的运动中，当心肺功能和肌肉利用氧的能力与本人极限水平持平时，单位时间内（每分钟）所能摄取的氧量就是最大摄氧量。机体对氧的吸入、运输与利用能力能够通过最大摄氧量反映出来，对人体有氧耐力进行评定时，通常会以此作为一个重要指标。决定最大摄氧量的影响因素包括遗传、性别和年龄、训练等，下面仅对前两个影响因素进行分析：

（1）遗传

研究人员通过研究双生子最大摄氧量发现，遗传因素会在很大程度上影响最大摄氧量。克索拉斯对 25 对双生子进行了研究，发现最大摄氧量的遗传度高达 93.4%。布沙尔等发现，最大摄氧量 25%~50% 的变化取决于遗传。这表明，在对最大摄氧量造成影响的众多因素中，遗传的影响比例占据 1/4~1/2。有些青少年足球运动员虽然没有进行耐力训练，但是其最大摄氧量很大，这个问题就可以通过遗传来解释。因此，最大摄氧量会受到遗传和环境因素的共同影响。足球运动员的最大摄氧量会因为遗传因素的影响而被限定在一定范围内来回变动，然而耐力训练对提高最大摄氧量范围的上限具有推动作用。

（2）性别和年龄

在儿童时期，最大摄氧量的变化与年龄成正比。在青春发育期，最大摄氧量的变化因为性别的不同而表现出一定的差异。男性最大摄氧量达到峰值是在 18~20 岁，而且直到 30 岁左右仍然能保持这个峰值；女性最大摄氧量达到峰值是在 14~16 岁，而且直到 25 岁左右仍然能保持这个峰值。之后，最大摄氧量的变化与年龄成反比。如果能够坚持训练，个体就能够控制峰值之后最大摄氧量的减小幅度。

第二节　青少年足球运动员的心理发展特征

一、青少年足球运动员青春期心理发展特征

（一）认知发展

在青春期阶段，青少年的认知能力得到显著的发展。这一进步主要归因于学校教育内容的多元化、知识体系的不断扩展和社交互动技能的不断提升。青少年在这一阶段的认知发展主要通过观察能力、思维能力和记忆能力三个方面得到体现。

1. 观察能力的发展

在学龄阶段，儿童的观察能力通常表现为无意识性、表面性和模糊性。然而，随着年龄的增长，进入青春期的青少年在观察能力方面取得显著的进步。这一阶段，青少年的观察特征表现为有意识性、目的性、主动性、概括性和精确性。

2. 思维能力的发展

在学龄阶段，经验型逻辑思维占据了儿童思维方式的主导地位，依赖于直观的感性经验来构建逻辑思考。相较之下，青少年的思维则呈现出理论型逻辑思维的特点，并具备抽象性。这一阶段的逻辑思维发展需要理论性的指导和支持。

3. 记忆能力的发展

在青春期阶段，青少年记忆能力的发展呈现出两个显著特征：首先，他们倾向于采用意义识记作为主要的记忆方法；其次，有意记忆在青少年记忆中占据主导地位，这一阶段的有意记忆能力达到最佳水平。

（二）社会性发展

1. 自我意识发展

青少年自我意识发展主要涵盖三个方面，即自我体验、自我控制和自我评价。

（1）自我体验

青少年的自我体验主要表现为自卑感、自尊感和成人感三种。具体而言，自

卑感的自我体验通常表现为对自己的贬低、质疑和否定。在与同伴比较的过程中，当青少年感觉自己在某些方面不如他人时，容易产生自卑情结。自尊感则涉及社会评价与个人自尊需求之间的相互作用。在青春期阶段，青少年逐渐建立起强烈的自尊心，学会珍视自己，并期望得到他人、集体和社会的尊重。至于成人感，青少年往往认为自己已经具备成年人的特质，他们追求独立，希望拥有自己的空间和自主判断权，同时期望家长和教师能够以更为平等的态度对待自己，与自己建立友好的关系。

（2）自我控制

青少年自我控制的发展主要体现在从外部控制向内部控制的转变。在此过程中，青少年逐渐能够依据社会期望、条件和标准等，对现实自我进行评估并设定理想自我目标，进而努力缩小现实与理想之间的差距。

（3）自我评价

与儿童时期相比，青少年的自我评价水平有所提高，主要表现在以下几点：

第一，青少年自我评价的行为更加主动、积极和独立。

第二，青少年学会运用多种方式进行自我评价，而且他们开始重视对同伴的评价。

第三，青少年开始对自己进行多角度的评价。青少年不仅仅只注重对自己仪表风度的评价，还应注重对自己性格、素质和品德的评价。

2. 社会性交往发展

青少年社会性交往发展主要表现在以下三个方面：

（1）青少年与家长的交往

青少年的自我意识不断增强，他们需要自由与独立，需要有自己的空间。因此，他们既想独立自主，又不能完全摆脱对父母的依赖。

（2）青少年与同学的交往

与同学交往时，青少年往往会表现出自觉主动、独立自主、积极乐观的态度。然而，青少年自身的个性因素和集体因素会对其与同学的交往造成影响。团结和谐的集体因素对青少年与同学的交往具有一定的积极作用。

（3）青少年与教师的交往

青少年不太愿意被教师过分管束，他们有时会对教师提出的一些硬性的管理规定表现出反抗的情绪或做出反抗的行为。

综上所述，在足球教学与训练过程中，教师或教练要对以下两个要点加以注意：

第一，教师或教练要重视青少年认知发展的特点。青少年已经形成了抽象思维的能力，有意记忆在其记忆中占据支配地位。因此，在足球的教学与训练过程中，教师或教练在讲解中可以使用大量的足球专业术语，但要注意充分结合直观示范教学法。

第二，教师或教练要准确把握青少年心理发展的特点。青春期是青少年的心理转折期，因此在对青少年进行足球教学与训练时，教师或教练要注意多与青少年足球运动员进行沟通与交流，并尊重他们的自主意识。当青少年足球运动员提出合理要求后，教师或教练要尽可能地满足，积极引导并帮助其解决训练与学习中的问题，激励他们为取得优异的成绩而奋斗。教师或教练可通过组织一些活动来提高青少年足球运动员的参与意识及成就感，同时使他们在活动中增强自尊心与自信心。

二、青少年足球运动员的心理问题

（一）孤独感

在成长过程中，青少年有时会遭遇与同龄人建立真诚关系的困难，难以寻找到志趣相投的伙伴，常感受到他人的不理解，从而导致不同程度的孤独感。孤独感是心理隔离的一种体现。以下策略可有效地帮助青少年战胜孤独感：

1. 提高自我认知和自我调节能力

（1）青少年需要对自我有准确的认知

准确的自我认知是指个体对自己的了解与其实际情况相吻合。这涵盖两个层面：一是对自身特质与优势的全面、客观认识；二是对自我与社会、个体与集体关系的正确认知。唯有深入理解自我，才能揭示心理问题的根源及其影响，从而找到解决之道。因此，准确的自我认知与自我接纳是战胜孤独感的关键基础。

（2）提升自我调节能力至关重要

自我调节能力是自我意识的关键构成部分。面对困境与挫折时，青少年应保持冷静，摒弃依赖心态，培养自信心与独立精神。总的来说，青少年需深刻认识孤独感的负面影响，并学会主动调整自我，积极拓宽人际交往圈，从而防止孤独感的产生。

2. 主动提高人际交往能力

良好的人际关系是心理健康的重要指标，对维持心理健康起着至关重要的作用，同时也是心理健康的内在需求。掌握有效的沟通技巧对于防止孤独感的产生具有重要意义。青少年应深刻理解孤独感的严重性与潜在危害，并采取有效措施提高人际交往能力：

（1）积极学习人际交往知识

在人际互动中，保持谦逊态度，虚心向他人学习成功经验，进行积极的自我暗示与鼓励，增强自信心，争取交往的主动权。

（2）掌握沟通技巧

改善人际交往策略，善于运用语言表达对他人的赞赏，学会倾听、换位思考、尊重与包容他人，遵循平等、互利、信任和宽容的原则。

（3）主动与朋友、同学和家人进行有效交流

在日常生活与学习中锻炼与他人交往的能力，积极主动地与朋友、同伴进行情感交流，学会合理宣泄负面情绪，从而有效缓解心理压力，减轻甚至消除孤独感。

3. 保持积极的心态，主动培养广泛的兴趣

对生活持乐观态度的个体往往倾向于关注生活中的积极方面，对未来充满信心与期待，并对自己所投入的职业或学业展现出强烈的兴趣。他们对自己的能力和价值有清晰的认识，能够勇于面对生活中的困难与挑战，并相信自己有能力克服一切障碍。积极的心态对于个体的心理健康和生活质量具有重要意义。在实际生活中，青少年应保持这样一种心态，并主动培养多样化的兴趣爱好。众多研究证实，兴趣广泛的人在生活中感受到的孤独感相对较弱。由此可见，青少年应根据自身的兴趣与爱好，积极参与各类活动，如体育运动、文艺活动及社会实践活动等。在这些集体活动中，人与人之间的交流与沟通更为流畅、和谐，有助于青少年拓展社交网络，从而防止孤独感的产生。

（二）自卑心理

一般来说，青少年足球运动员在运动中的表现达不到预期，会导致其产生自卑心理。另外，教练或队友给予的负面评价也会引起青少年足球运动员的自卑心理。以下策略能够有效地帮助青少年足球运动员改善自卑心理：

1. 分析原因，对症下药

青少年足球运动员需针对导致运动成绩不佳的具体因素进行深入剖析，并采取相应的解决策略。例如，若受能力限制导致成绩不佳，可加强训练；若因努力不足或方法不当而遭遇失败，可加大努力程度并优化方法；若因设定的训练或比赛目标与现实状况不符而影响成绩，可重新制定符合实际的目标。总的来说，面对不可改变的现实情境，青少年足球运动员应保持积极的心态，主动进行自我反省，弥补自身的不足之处。

2. 做能力所及的事

若青少年足球运动员频繁参与自身能力范围内且成功概率较高的比赛，便能减少自卑心理的产生。成功的经历有助于青少年足球运动员建立成就感，提升自信心，从而摆脱自卑心理的困扰。

3. 认识自己的优点

青少年应全面认识自我，应清楚意识到每个人都是独特的，既有优势也存在不足。青少年在生活中要正视自身在某一领域的不足，但不应因此全面否定自身的整体能力。因此，青少年足球运动员可将自身存在的不足之处视为学习和成长的机会，同时也要增强自我肯定，善于发掘自身的优点和长处，不断鼓励自己，从而逐步建立和增强自信心。

4. 与他人进行合理比较

若青少年足球运动员以他人的优点对照自身的不足，便容易产生自卑心理。因此，青少年需调整比较角度，与背景和心理状况相似的个体进行对比，从而能清晰地认识自身的实际能力及在群体中的定位。

（三）嫉妒心理

作为一种复杂的心理，嫉妒涵盖了羞耻、不满、恼怒等多种负面情绪。嫉妒心理通常在个体与他人进行比较时产生。当青少年察觉自己在某些方面不及他人时，便会产生嫉妒心理。青少年嫉妒心理的一个显著特点是具有发泄性。若青少年对自己的嫉妒不加以控制，任其蔓延，将可能丧失理智，进而对他人产生攻击性行为。针对嫉妒心理的矫正，可采取以下具体措施：

1. 认识嫉妒心理的危害

青少年需清楚认识嫉妒心理作为一种不健康的心理状态，对自身及他人均会产生负面影响。唯有深刻认识嫉妒心理的危害，才能有针对性地进行矫正。

2. 客观认识自我的重要性

青少年需明确一点：在多元且复杂的社会环境中，受限于主观与客观条件的多样性，个体间必然存在一定程度的差异。因此，青少年应保持冷静，不过分关注他人的成就，避免盲目与他人比较，客观地进行自我评估，关注自己的优点和进步，同时充分认识自身的不足，持续完善自我。

3. 善于与他人沟通

若青少年长期未能与他人进行有效的情感交流，容易导致自我封闭、情绪低落，最终可能演变为嫉妒心理。因此，青少年需注重与他人建立联系，突破自我封闭的界限，拓展更为宽广的生活领域。

4. 切忌心胸狭隘

青少年心胸的宽广程度主要与其文化素养、性格特质、道德水准、思想境界和社会阅历等方面有直接关系。为了减少不必要的烦恼，青少年需摒弃利己主义观念，积极扭转狭隘与自私的心理倾向。

第四章　青少年足球运动员身体素质、心理素质与智能训练方法

体能、心理与智能是足球运动员竞技能力结构的重要构成要素，也是青少年参与足球运动必须具备的重要素质。体能是青少年参与足球运动的基础，心理是技战术稳定发挥的保证，智能是青少年在比赛中审时度势的能力。由此可见，在足球比赛中，体能、心理与智能都有着非常重要的作用，缺一不可。本章就青少年足球运动员身体素质训练方法、青少年足球运动员心理素质训练方法和青少年足球运动员智能训练方法进行研究，为青少年参与足球运动提供科学的实践指导。

第一节　青少年足球运动员身体素质训练方法

一、力量素质训练

（一）力量素质训练注意事项

力量是指运动员依靠肌肉的工作克服外部阻力，或者是对抗外来阻力的能力。运动员的力量素质在极大程度上决定着他们完成各种技术手段和战术行动的速度、快速换位的能力，在体现耐力和灵敏方面同样具有很大意义，足球运动对此有着相当高的要求。肌肉的力量首先取决于中枢神经系统的神经支配、肌肉的生理横断面、涌入工作肌肉内的那些生物化学过程的特性，以及运动员的疲劳程度。

在此方面，也应当考虑到运动员为了克服接踵而来的衰竭而表现出强大意志力的能力。在力量素质训练的作用下，肌肉群体积会增大，更多数量的肌肉纤维会参与积极收缩，肌肉中的血液循环会得到增强，新陈代谢过程会更为积极，能量储备也会得到增加。

根据肌肉工作参与模式的特点，力量素质训练可以分为两大类型，即动态型和静态型。应当注意的是，足球运动员的固有肌肉并不具备静态工作模式的特性。因此，在培养青少年足球运动员的过程中，对静态型练习的使用应当加以限制。在完成这样的练习时，应当将它们与放松练习和柔韧练习结合在一起。

建议使用两组负重练习方法作为训练青少年足球运动员力量的主要手段。第一组是利用外加负重（哑铃、实心球、拉力器、杠铃、沙地跑步、锯末地跑步、同伴的身体重量或对抗）进行练习。第二组是要超越自身的体重（体操练习、攀登、俯卧撑、深蹲等类似的方式）进行练习。在对青少年足球运动员进行的训练中，建议运用第一组练习方法训练主要肌肉群，特别是腿部肌肉、背部和腹部肌肉。这是出于对青少年运动员在比赛中必须完成复杂的跑位动作，以及要在单腿支撑状态下保持平衡的考虑。同时，还应考虑到增加运动员上肩胛带的力量会导致他们受到过分束缚，这可能导致运动员在完成足球运动最重要的技术动作（即身体的虚晃动作）时出现问题。第二组练习方法能让运动员从慢动作转向快速运动，从简单的动作转为更加复杂的动作。这样的练习可以重复，做得越多，身体跑位的距离就越短，而运动员作为负担的身体部分使用得就越少。

教练和教师在选择发展力量的练习时，应当考虑到，只有在显示出运动员大量肌肉强度的情况下，才能保证他们的力量能得到系统性提高。当然，为了训练力量能力，抗阻力的大小和完成练习的速度要求必须是个性化的，还要考虑到每名运动员的年龄和形体特征。在训练青少年足球运动员时，教练应当对首先运用那些能保证逐步和持续增长抗阻力的练习预先做出计划。完成这些练习的时间要求应当是最适宜的（如中等速度）。我们认为，为了训练青少年足球运动员的力量，采用以重复的极限次数克服非极限的负重（抗阻力）为主的教学方针是最为合适的。这样的教学方针最符合体育学校学生的年龄特点。无极限力量强度的练习能够发挥对完成动作的技术进行监督的作用，而随后的训练是为了能更协调地完成动作。重复性和系列—间隔性的练习方法，是训练青少年足球运动员力量最基本的方法。

教练和教师在制订青少年足球运动员训练计划时，应当将男生的13~14岁和16~18岁年龄段，以及女生的11~12岁和15~16岁年龄段看作训练力量的最佳时期。考虑到青少年足球运动员在长年训练的每个阶段中所产生的身体条件，教练应该计划好训练身体素质的这项工作。

以培养力量为目的的运动训练分为预备阶段和初期阶段，建议所采用的练习方法应有助于协调发展所有的肌肉群，增强呼吸肌肉组织、上肩胛肌肉和大腿肌后群。在进一步加强的专业化阶段，当青少年足球运动员的神经肌肉协调明显改善时，无论是力量还是速度—力量，都有可能出现更为合适和有效发展的状况。例如，为了进一步训练肌肉的力量，建议采用负重练习，它能对两类在比赛中最为重要的肌肉产生作用：足部、小腿、臀部的肌肉，以及躯干、肩脚的肌肉。为了达到训练第一类肌肉的目的，建议采用速度与力量性质的练习（如短距离跑、各种跳跃和跳跃性的练习、负重练习和专门的带球练习）。为了训练第二类肌肉，建议采用全面发展的负重训练和非负重练习。从总体上来说，在这个阶段，青少年足球运动员的速度—力量素质训练要多于单纯的力量素质训练。

在运动技术水平的提高阶段，教练和教师在训练课程中应当把训练青少年足球运动员的速度与力量放在重要地位。与此同时，还应选择与有球队员和无球队员技术贴近的练习方法。例如，有球队员可以采用各种各样的击球方式，用脚踢或用头顶，要点是控制力度和准确性；使用负重的一对一带球、跳远和跳高、多次跳跃、助跑后单腿和双腿向上起跳。此外，运动员要特别注意训练脚的"爆发"力量，对此特别有效的方法是采用单脚和双脚跳坑。例如，运动员从高处（70~100厘米）垂直跳下（落地角度约90°），而后迅速完成下一个跑位动作（如向上跳跃、跳远等）。运动员在做这样的练习时，要完成退让性—克制性的组合动力性的工作。退让性工作在缓冲着地时出现，此时大腿的肌前群是放松的；而在落地后应该跳起，并出现克制性工作，肌肉群已经在用力收缩。当然，在必要的情况下，教练和教师应当能对这个阶段的运动员选择和运用一些旨在完善训练中没有得到充分发展的肌肉群（肩、大腿肌后群）的练习。为达到这些目的，教练和教师可以运用各种方式，甚至采用负重练习（如哑铃、杠铃、训练器械等）。必须注意的是，过分地热衷于后者，最终可能对肌肉的内在协调产生副作用。除重复性练习方法外，在该阶段建议同样可以采用相互结合的、能够在学习技术的过程中提高运动员力量能力的方法。

（二）力量素质训练示例

1. 肩胛肌肉与手部肌肉单人练习示例

①站直，两脚分开，两手在头上做画圈动作，两手上下和后下挥动。

②站直，两脚并拢，两手侧平举，双手做逐渐增加幅度的画圈动作。

③两腿分开站立，向前做双手的画圈动作。

④用肘部朝不同方向做弯曲和伸展，以及旋转动作。

⑤用肘部紧压弹性物体（如橡皮圈、网球、弹簧等）。

⑥双脚分开站立，模仿拳击运动员的左、右手轮番出拳。

⑦双脚分开站立，双手举肩，手指紧握成拳，用肘部轮番前后旋转。

⑧双脚并拢站立，双手紧贴身体，双肩做上下和前后动作。

⑨俯卧撑练习（弯曲和伸展肘部关节）。

⑩从肋木上悬挂而下（面向肋木），在肋木的横杠上完成引体向上动作，并将下巴触到肋木。

⑪以站立的姿势，面对墙做"向前倒"的动作，并用手掌用力推离墙面。

⑫俯卧用手向右（左）挪动，双手做画圈运动，双脚固定不动。

⑬俯卧撑练习，手掌在离开地面时完成一次拍掌。

⑭跪立在倾斜着固定在肋木上的体操凳上，用双手撑起身体。

⑮俯卧在体操凳的后部，完成手臂的弯曲和伸展动作。

⑯用一只手抓住单杠，完成换另一只手抓单杠的动作。

⑰双脚穿过双杠，弯曲膝关节，完成将身体拔起的动作。

⑱双脚分开站立，将拉力器置于大腿高度，两手向两边展开。

⑲双脚分开站立（将拉力器一头握在手里，另一头用脚踩住），用手拉伸拉力器。

⑳跪坐在脚跟上，面对肋木并将固定在肋木上的拉力器末端置于胸前，用手将拉力器向两边伸展。

㉑双脚分开站立，双手将哑铃举至胸前，然后向两侧做水平伸展并回到原位。

㉒双脚分开站立，双手紧握哑铃做上下挥动的动作，在两侧做前后挥动的动作。

㉓俯卧，双手握哑铃于身体两侧，弯曲手臂往后做上下支撑动作。

㉔以坐的姿势，用双手抓住缆绳或竿子，完成向上攀爬动作。

2. 肩胛肌肉与手部肌肉多人练习示例

①两人一组完成练习。两人面对面站立，各自用自己的手掌撑住对方的手掌（每个人都是右脚在左脚前面一步；一只手臂弯曲，另一只手臂伸展开），每一组在用力抵抗的同时，要完成面对面的手掌运动。

②两人一组完成练习。两人面对面站立，间隔3~5米，双方轮流以双手从胸前、从脑袋后面，以及用单手（右手或左手）从肩部，将实心球传给对方，进行来回传接球练习。

③两人一组完成练习。两人以一肩距离侧立，各自抓住对方的手，要将对方的手拉向自己这边。

④两人一组进行练习。一人仰卧，另一人用双手抓住其双脚并向上抬。仰卧的人用双手做前后跑位的动作。两人限时轮换。

3. 躯体肌肉的练习示例

①两腿分开站立，身体前倾弯曲，双手向上举起，先用左手触碰右脚脚趾，再用右手去触碰左脚脚趾。

②两腿分开站立，身体前倾弯曲，双手屈臂于胸前，然后向两边水平伸展分开。

③两腿分开站立，双手抱头，向左和向右做有弹性的前倾起伏动作。

④仰卧，双手抱头，完成向前起身成坐的姿势，同时用手指触摸脚趾，然后迅速还原姿势。

⑤仰卧，双手抱头，抬起双腿呈垂直状态。另一种方式：同样的姿势，但由站在旁边的同伴抓住练习者的一只脚，并略施阻力。

⑥用坐姿开始练习。将双腿固定在体操凳下面的板条上，完成身体弯曲和伸展动作，将双手放在不同的位置（如胸前、脑后或向上伸展）。

⑦双腿分开站立，用双手拿住实心球放在头顶，做画圈动作。

⑧用站立的姿势开始练习，背部负重（如在背包中放入实心球），完成躯干向不同方向的转动和倾斜。

⑨半下蹲，双手握住实心球，完成向上跳跃，同时伸直双臂，然后迅速还原姿势。

⑩两人一组完成练习。两人背靠背站立，用足球或实心球，以不同的方向（从右边、头顶、双腿间）进行手与手之间的传递。

⑪仰卧，伸直双腿并抬起，从自身的左边和右边越过头部再放下。

⑫悬垂在单杠上，做抬腿向上的动作，要使脚掌触碰到单杠。

⑬双手抓住吊环，在做悬垂摆动的同时，尽力将双脚越过鞍马，鞍马的高度以练习者骨盆的位置为准。

⑭在肋木（背靠肋木）上完成保持身体悬垂的姿势，伸直双腿做抬起和放下的动作。

⑮用双腿夹紧实心球并坐在体操凳上面，伸直双腿，完成抬腿和放下的动作。

⑯悬垂在肋木上（背部靠在肋木上），在卷身收体的同时，完成向上抬起双腿的动作。

⑰用仰卧（用双手上举一个实心球，用双腿夹紧另一个实心球）的姿势，同时完成双手双脚向上并举的动作。

⑱用俯卧（用两只脚掌夹紧一个实心球）的姿势完成挺身，同时做手脚向上抬举的动作。

⑲用仰卧（用双手将实心球放在脑后）的姿势完成坐起，并将实心球从脑后往前面送出的动作。

⑳用身体前倾弯曲的姿势，双手抓住实心球，完成将实心球往脑后方扔的动作。

4. 腿部肌肉的单人练习示例

①双脚用力腾空，完成从原地起跳的跳远动作。

②用力以单腿完成带助跑的跳远动作。

③用左右腿完成多次跳跃动作。

④完成多次下蹲动作。

⑤一只脚踩在体操凳上，另一只脚踏在地面，完成"跛脚跑"动作。

⑥以下蹲的方式向前跑位。

⑦以双脚交叉的下蹲姿势站起，同时双手向上举起。

⑧双脚用力向上跳跃，一次跃上2～3级阶梯。

⑨完成屈膝至胸前的双腿高抬腿跳跃。

⑩用双脚起跳，逐个越过预设的障碍物（如实心球、栏架、体操凳等）。

⑪从50厘米高的地方跳到地面，紧接着完成加速往前奔跑10米。

⑫以双脚用力起跳的方式原地起跳，用头去碰悬挂的球。

⑬双脚用力起跳，完成越过70厘米高度的障碍物的动作，紧接着跳远，与此同时要用头去顶悬挂着的球。

⑭用双脚夹住球，完成向前、向后及两边的跳跃跑位。

⑮用实心球进行直线、腿间蛇形、绕圈和"8"字形运球。

⑯双脚夹住实心球，完成向上跳跃并用脚将球向前方和后方抛出的动作，或者席地而坐，用双脚夹住球，向上呈一定的角度。

⑰背负重物，不断换脚，原地跳跃。

⑱用半蹲的姿势，双臂弯曲在胸前将实心球夹住，完成向上、向前上方跳跃的动作。

⑲侧身站立在肋木旁边，完成用一条腿下蹲，同时向前伸直另一条腿的动作。

⑳将沙袋绑定在腰间，沿着楼梯向上奔跑。

㉑右（左）腿单腿站立，用脚在空中画出"8"字形。

㉒将沙袋绑定在腰间，完成10～20米的加速跑动作。

㉓仰卧，双脚和肋木之间用拉力器分别固定，完成腿部膝关节的弯曲与伸展动作。

㉔俯卧，头朝肋木，双脚和肋木之间用拉力器分别固定，完成腿部膝关节的弯曲和伸展动作。

㉕完成用力朝目标（如球门、标靶等）踢球的动作。

5.腿部肌肉的多人练习示例

①两人一组完成练习。一人半蹲，另一人站其身后，并将双手放在其双肩。半蹲的人要克服后面站立者在自己双肩上施加的压力，并用力站起。两人限时轮换。

②两人一组完成练习。两人采用面对面的坐姿，双手从后面撑住身体，用自己的两只脚掌顶住对方的脚掌；两人轮流克服对方脚掌的力量，尽量将自己的双脚伸直。

③两人一组完成练习。两人背靠背站立，各自用肘关节与对方的肘关节相互套在一起，完成半蹲动作。

④两人一组完成练习。一人仰卧（双手放于体侧，双腿弯曲至胸前），另一人坐在其双脚掌上（背朝躺在地上的同伴）。躺在地上的人用力蹬腿，将坐在自己脚掌上的人往上蹬出。两人限时轮换。

二、速度素质训练

（一）速度素质训练注意事项

速度是人在所处的环境下以最短的时间完成运动动作的能力。这种身体素质的表现方式是多种多样的，区别只在于表现方式的基础性和综合性。速度的基础性表现方式包括反应的速度、单个动作的速度、运动的频率（节奏）、动作启动的速度；综合性表现方式包括一般情况下和复杂情况下的起跑速度、起跑后的加速度、绝对（最快）速度、冲刺急停的速度、完成技术动作的速度、一个动作转换到另一个动作之间的转换速度。

速度素质的所有成分受到基因的很大控制，自然受到训练影响的程度就很低，但这并不意味着借助于身体素质的练习是无法提高速度的。例如，儿童反应的快慢在很大程度上取决于神经系统的类型，并且是遗传性质的。可是，这项身体素质却能够在进行系统训练的影响下得到一定程度上的提高。动作的频率不仅取决于神经系统的遗传性，在很大程度上还取决于做出这些动作的肌肉状态。因为肌肉的收缩能力会随着年龄的增加，并在身体练习的帮助下得到改善，所以，青少年足球运动员的动作频率和完成大部分动作的速度在儿童阶段也是可以得到提高的。

对于比赛状况始终变化的足球运动来说，其特点就在于综合性速度的展示，而提高综合性速度的基本方法则是重复完成各种达到极限和接近极限频率的循环性练习。这种练习主要就是以重复加速方式进行短距离奔跑。在做这样的练习时，建议采用逐渐地、平稳地增加速度，并加大运动的幅度，同时将两者加大到最大限度的训练方法。当对青少年足球运动员进行速度训练时，也应当多注意在放松的情况下（如下坡跑、跟着领跑者跑等）完成练习。运动员在这样的练习中要尽力地跑，就好像以冲刺的速度去暂时超越他们以前的速度极限，哪怕是在很短的距离内达到更快的速度。如果体育学校的教练能够控制，并准确地估算出运动员所能达到的速度水平，那么速度练习就能取得更好的效果。教练也应注意到，要在练习中获得最快的速度，采用比赛方式具有很重要的意义。例如，建议采用含有技术和战术的，并且已经掌握得很好的训练方法。但是，如果技术和战术手段掌握得还不够好的话，运动员就不能以极限速度去完成它，因为他们的注意力将不会集中在速度上，而是集中在完成手段的技术上。

因此，发展青少年足球运动员速度的主要方法，是在不超过15秒的时间内完成极限强度的跑步练习。在做这样的练习之前，建议进行不少于15~20分钟的准备活动。青少年足球运动员的肌肉都必须活动起来，否则就可能会发生肌肉或韧带撕裂。若前次训练还没有完全恢复，建议将主要针对速度的各种练习放在训练主要内容的前面进行。总体上，旨在发展青少年足球运动员速度的训练量不应过大，要按照重复练习的长短和质量来确定量的分配。一个项目的练习大致可以这样分配：5~7个加速度为一组，每组有休息间隔，休息间隔必须是能让下一个练习在最合适的状态下完成，以使运动员能够充分地显示出此前的速度水平。

男生和女生7~11岁通常被认为是发展速度素质的最佳时期。在11~15岁时，速度仍以不同的数据较缓慢地增长。实际上，在这个年龄阶段，一般性反应指数和最大的动作频率的数据结果开始稳定。总体而言，在12~13岁之前，儿童在发展速度能力水平上的性别差异并不大，但稍后，男生便开始超过女生，特别是在完整的运动动作方面（如跑步等）。

（二）速度素质训练示例

1. 单人练习示例

①以各种不同的姿势（如侧立、脸或背朝前、单膝或双膝跪地、俯卧等）准备好，根据看到或听到的信号进行5米、7米、10米、15米和30米的冲刺跑。

②完成6～10米重复的短距离跑，以及2×10米、4×5米、4×10米、2×15米、5×30米的折返跑。

③以最大的动作频率越过实心球并奔跑。

④完成15～20米的高抬腿跑、小腿后甩跑、双脚轮换做单腿跳跃跑。

⑤双手抓住肋木横杆做支撑，完成原地高抬腿跑步动作。

⑥原地起跑，完成下坡跑和上坡跑。

⑦用弓步的姿势，完成向上跃起的动作，并迅速转换成原来的姿势。

⑧从原地起跑，完成黄沙（锯末）地上的10～15米加速跑。

⑨原地起跑，完成20～30米跟踪跑（光亮或器械）。

⑩以各种不同的出发姿势起跑，完成20～30米奔跑（腰部负重3千克左右）。

⑪完成原地的两级跳远和三级跳远。

⑫首先完成转体360°的动作，然后进行15～30米奔跑。

⑬首先进行10米冲刺跑，然后进行10～15米下坡跑（倾斜度为3°～5°）。

⑭首先进行10米距离的冲刺跑，然后进行10～15米下坡跑（倾斜度为3°～5°）。

⑮用肩部倒立的姿势，完成高频率的双腿画圈动作。

⑯进行120米变速跑，包括20米全速跑、20米放松跑等。

⑰以站立姿势出发，完成10～15米冲刺跑。到达终点时，速度不降，完成垂直向上跳起的动作后再站稳。

⑱用站立的姿势起跑，以最大的频率进行"之"字形奔跑。

⑲进行直线跑，并根据教练发出的信号，做急速改变方向的动作。

⑳以站立的姿势起跑，在完成前滚翻的动作后，朝着停放球的方向进行冲刺跑，然后将停放着的球踢向目标。

㉑在围绕4根相互间直线距离为2米的立柱进行蛇形跑之后，完成将停放着的球踢向目标的动作。

㉒将球向前上方抛出，做前滚翻后用脚停住球，然后用二次触球的脚法将球踢向远处目标。

㉓守门员在完成360°转向的动作后，用脚将侧面飞来的低平球踢出。

2. 多人练习示例

①进行"拍人游戏""乌鸦与麻雀""两个冻人""把球传给队长""互相传球"等类似的追逐性跑动游戏，以及各种接力赛跑。

②两人结对进行练习，一人以极限强度变方向跑，而另一人努力准确地重复跟着跑。

③原地跳起越过障碍，然后用胸部接住同伴抛来的球，不落地将球传向目标。

④半蹲撑地完成前滚翻，然后将同伴抛来的球用头顶向目标。

⑤在围绕4根相互间直线距离2米的立柱进行蛇形跑之后，将球传给同伴，然后迅速向前跑动，在接住回传球之后，将球踢向目标，或者连续两个前滚翻后开始。

⑥由两组运动员缓慢地抱球迎面慢跑，在与对方碰面之前，每个人都将自己的球向前方8~10米的距离抛出，然后原地快速完成转向180°的动作之后，紧跟在同伴抛出的球后奔跑，努力追赶上球。

⑦守门员前滚翻后，以基本的姿势站立，然后接住同伴高抛过来的球。

三、耐力素质训练

（一）耐力素质训练注意事项

耐力是人的机体抵抗疲劳或在整个比赛过程中完成长时间的竞技活动而不降低效率的一种能力。这种能力是足球运动员较为重要的身体素质指标之一。中枢神经系统，特别是大脑皮层的状态，当然还有心血管和呼吸系统的训练程度决定着耐力素质水平。

耐力素质水平还取决于运动员技战术的训练水平，是否善于避免过多消耗体能和节省化地完成运动动作。耐力的衡量标准是时间，指的是运动员在一段时间内能够维持住规定的强度。

为了准确地掌握青少年足球运动员耐力的训练方法，建议首先要注意到足球运动的特性，以及运动员在比赛中所不得不承受的那部分负担的特点。众所周知，在足球运动中，运动员活动的特点在于：一方面，是维持最大强度3~8秒（如冲刺跑、加速度、跳跃、一对一对抗等）的短时间活动；另一方面，是比赛中个别阶段的适度活动。在确定运动员耐力的训练方法时，教练必须分清楚两种类型的耐力，即一般耐力和专项耐力。

一般耐力是指以适中的或低强度的水平完成各种动作的能力。训练青少年足球运动员一般耐力的主要方法有匀速训练法和间隔训练法。考虑到足球运动的特点，在对青少年足球运动员进行训练时，应当更好地训练机体的呼吸能力（这是为了满足在整场比赛中保持高节奏的需要）。同时，为了使运动员完成多次的冲刺跑（足球运动中最多的就是这个动作），就必须提升其无氧能力。建议采用越野行走、中长距离跑、游泳、滑雪等必须以相对均匀的节奏完成的运动，来训练青少年足球运动员的一般耐力。此外，非循环性的练习也是可行的。关于发展青少年足球运动员一般耐力的高强度练习，建议采用不同距离且有速度要求和间隔在6分钟以内的重复跑，以及多次重复一般训练的练习。整体而言，在教学与训练过程中采用对所有基本肌肉群有作用的练习，是训练青少年足球运动员耐力的最佳策略。

随着年龄的增长，青少年足球运动员将力量维持在稳定水平的能力会有所改善。更何况，在系统运动训练过程中，机体的身体状态会发生变化。也就是说，机体会逐渐适应负荷和疲劳状态，同时也就获得了体力负荷后迅速恢复力量的能力。在考虑这一特点的同时，教练应当定期根据负荷训练的逐步复杂化程度，以及是否有损青少年足球运动员健康方面，重新考虑和修订负荷训练计划。

长距离慢跑是在运动训练初级阶段训练一般耐力的主要手段。它的持续时间可从8～10分钟逐步增加到20分钟（在心脏收缩频率每分钟140～150次的情况下）。在进一步深入的运动专业化阶段，运动员可以采用匀速—多变方式来训练一般耐力，它的特点是将负荷分化为好几"份"，在每"份"之间用消极性的休息和积极性的休息进行轮换，这样就能够使用强度更高的练习。例如，在进行1000米跑时，青少年足球运动员在以频率不高的方式跑完第一个200米之后，再完成20～30米的冲刺跑，如此反复。在这样的情况下，不同强度的分段加速跑完全由这一组跑的目的和任务来确定，当然，也取决于运动员的训练程度。当运用这种方式训练青少年足球运动员时，应当考虑到，完成练习的强度必须是心脏收缩频率在结束阶段达到每分钟160次；练习持续的时间规定为30～45秒，休息的间隔时间为15～45秒。同时，暂停结束时心脏收缩频率应降低到每分钟

120~140次。完成练习之间的休息应当是消极性的，而重复的次数建议选择这样的方式，即运动员能够在相对稳定的状态下完成每一组练习。间歇训练法相当广泛地适用于增强运动员机体增氧能力的运动技术提高阶段。在这种情况下，完成练习的强度不应超过最大强度的80%（心脏收缩频率在每分钟90~170次），练习持续的时间为1~3分钟，休息的间隔时间为30~90秒，重复次数在10次以内。如果以组（每重复5~6次为一组）来完成练习的话，每组之间的休息应达到6分钟，而每次训练课的次数为2~6组。

专项耐力是指运动员在整场比赛期间维持规定速度的机体能力。专项耐力取决于运动员的一般耐力发展水平、支撑运动器官的训练水平和本人的意志品质。在足球运动员的专项耐力中，必须特别注意速度耐力（即运动员完成技术动作和在整场比赛中高速跑动的能力）和竞技耐力（即运动员在不降低完成技术动作效率的情况下，在高速跑动中进行比赛的能力）。为了训练运动员的速度耐力，建议采用多次完成的速度练习（冲刺跑、加速跑，由冲刺跑、急停、加速跑、转身、跳跃构成的多次重复组合，按照比赛技术的要求模仿的基本动作）。

间歇式训练是训练速度耐力的基本方式。训练速度耐力的主要依据是时间，即在训练期间保持规定的速度或动作频率的时间。同时，体力负荷的分配应具有以下参数：每次重复的时间为20~30秒，最大强度重复过程中的间歇时间为1~3分钟，重复的次数为4~8次。

为训练青少年足球运动员的比赛耐力，建议采用那些已被运动实践证实了合理性的各种教学手段（如延长教学比赛时间、在教学比赛过程中采用不同训练目的的练习）。高速是现代足球的特点，要求青少年足球运动员的教练注意培养和发展多次加入比赛的能力，在一定的时间里使出全身的力气，同时要克服比赛过程中因重复的高强度负荷带来的巨大疲劳。为了达到使运动员的机体能完成这样比赛的目的，建议广泛地运用间歇式训练方式。例如，在增加比赛时间的高强度教学比赛中，可以布置暂停5分钟用来休息，或者去完成某个技术动作。同时，每次在这样的暂停之后，教练要向运动员布置以最大的积极性和强度去完成的任务；或者，在教学比赛中建议使用5~7分钟的休息时间，取代运动员通常在比赛中上场3~4分钟的方法，如此反复。

在培养青少年足球守门员时，建议也要注意发展其跳跃耐力，即往高处、两旁、向前，包括与对方一对一的情况下多次重复跃起的能力。教练要考虑运动员的年龄、性别和身体素质训练水平情况，来确定运动员完成训练耐力练习时负荷的特点和负荷的总量。

（二）耐力素质训练示例

1. 单人耐力素质训练

①完成中等强度的中等距离行走，以及在崎岖不平、上下起伏的道路上越野跑。

②沿着比赛场地的四周完成长距离跑：用并步沿两侧的线跑，沿着球门线倒着跑和向前跑。

③沿着比赛场地的四周跑：沿场地两侧的线中等速度跑，沿对角线冲刺跑10~15米后转为慢速跑，沿球门线倒跑，等等。

④沿着比赛场地的四周跑，其间根据口令进行3~5秒的冲刺跑。

⑤障碍跑：起跑后，在5米处倒着跑回起跑线，重新提速跑，蛇形跑过4根间距为2米的立柱，边跑边越过4个间距为3米的栏架，然后用并步跑回起跑线。

⑥完成长度为21米的穿梭跑，每间隔7米画出一条控制线。运动员的任务是跑到每条控制线后再折返回到起跑线，也就是在练习过程中完成3次折返跑。

⑦以跳跃的方式往前跑15米后，向左转体90°；用碎步跑15米，向左转体90°；高抬腿跑15米，再向左转体90°；最后用冲刺跑回到出发点。

⑧沿着每边15米的等边三角形画线进行跑动，在每一边都放置障碍物。第一边为5根立柱，应以蛇形的方式跑过，然后边跑边越过第二边的4个栏架，最后跑过第三边的实心球。

⑨沿着比赛场地运球绕过随意安插的立柱。

⑩沿着比赛场地运球跑动，完成2个球的运球动作。

⑪从角球位置沿边线带球冲刺跑至中线，朝对方球门的远处立柱射门之后，转身并冲刺跑向10米距离的标记处，完成射门后再冲刺跑回出发点。

⑫冲刺跑出10米远之后，跨越过第一个栏架，钻过第二个栏架，重新跨越

过第三个栏架,并再次钻过第四个栏架。栏架间距为 4 米。转体 180°后,截住来球,绕过间距为 3 米的立柱,往回跑动。

⑬以直线、蛇形方式用实心球进行运球练习。

⑭在完成 10 个原地跳跃、加速跑 6～8 米、运球跑动 10 米之后,将球踢向目标。

⑮在离球门 8～10 米处(与球门平行)将 5 个球放置一排。从右侧跑出,不带停顿地用右脚依次将球踢向球门。然后从左侧跑出,完成射门动作,但是用左脚踢球。

⑯做向前滚翻,冲刺跑出 10 米,急停后完成 8～10 个以半蹲的姿势向上跃起的动作。

⑰左侧身站在楼梯台阶前,在 10～15 秒内高速完成侧身跃上台阶和跳下台阶的动作。休息后,右侧身站在楼梯台阶前,重复相同的动作。

⑱将球从一处球门带往另一处球门。越过球场中线后,将球停留在 10 米远距离标记处,然后转体 180°并全速跑向中线,再次转体 180°,仍以全速冲向此前的停球处,并将球踢向球门。

2. 多人耐力素质训练

①进行没有运球的手球比赛,运动员只能靠双手传球,射门则用脚和头不停球地直接射门。

②沿整个比赛场地做"五对三"的比赛性控球练习。

③沿整个比赛场地做"四对四"的比赛性对控球方进行人盯人的练习。

④在半个球场上进行"四对二"的比赛性练习,控球队员可以不超过 2 次的触球。

⑤两人一组,沿着比赛场地运球和传接球。

⑥进行全场有守门员的"三对三"比赛性练习。

⑦两人一组完成练习。两人面对面相隔 10 米站立,各自向前冲刺跑。其中,一人在双方接近时做一个前滚翻动作,另一人则跳起越过对方,这个动作做完之后,必须冲刺再跑 6～8 米。双方限时轮换。

⑧三人一组完成练习。三人相隔 6 米站在同一条线上。两端的运动员持球,轮流将球低传给中间的运动员。中间的运动员跑位时面向每次传来的球,回传球

后再转身180°。所有的人只能一次触球并完成传球。在一定时间过后，中间的运动员与另外两名运动员轮换角色。

四、灵敏素质训练

（一）灵敏素质训练注意事项

灵敏性是以人的活动能力及其准确、迅速地完成运动动作的能力为特点的一种复杂的身体素质。在足球运动中，这种素质能够使运动员迅速和自信地掌握协调性复杂的动作，准确地完成复杂的运动任务，以及根据不断变化的比赛情况迅速做出调整。机体的灵敏性与力量、速度、耐力和柔韧性密切相连。在针对青少年足球运动员制订训练计划时，建议对这项身体素质的培养应当在从普通练习转向复杂练习的同时，引入左、右两边的练习。必须考虑到，灵敏素质训练要求肌肉的感觉非常灵敏，在运动员出现疲劳的迹象时才会产生一些效果。这就是为什么在完成这样的练习（如速度素质训练和力量训练）时，必须采用足以恢复身体的间歇性休息法。从整体上来说，建议在运动员没有因上一次的负荷训练而出现疲劳的时候，再完成这样的练习。例如，在对青少年足球运动员进行训练时，必须做到只有在做完预先的准备活动之后，当他们的机体还没有出现疲劳征兆时才进行增强灵敏性的练习。同时，在一次训练中，不建议制订过多的增强灵敏性的练习计划。

一般灵敏性和专项灵敏性二者存在区别。一般灵敏性的主要任务是扩展青少年足球运动员的运动技巧范围。一般灵敏性的训练方式包括有技巧运动练习和体操运动练习、蹦床上的跳跃、跑动性的和竞技性的游戏、接力赛跑、田径练习、摔跤等。一般灵敏性的训练能够促进青少年足球运动员在不熟悉的环境条件下，完成熟悉的技术动作。专项灵敏性，通常可以理解为是一种能够灵活、完美地使自己的动作适应于经常变换的临场比赛状况的能力。在足球运动中，无论是有球队员还是无球队员，他们的动作都能表现出专项灵敏性。球场上的跑位、运球、假动作和射门等，都需要运动员充分地表现出自己的协调能力。一般灵敏性是专项灵敏性的基础。青少年足球运动员可以通过长年训练获得专项灵敏性。与此同时，随着运动员的运动技巧和动作不断增多，以及比赛经验的增加，他们的身体素质也会提升。运动技巧和动作越是丰富多样，运动员就越能够轻松自如地应对各种复杂的比赛局面。无论如何，在对如何培养青少年足球运动员的灵敏性进行研究时，必须注意的是，要将灵敏性加以复制，在原则上是受到条件限制的。例如，在训练中，青少年足球运动员可以非常自信地用各种方式完成颠球及一连串其他技术动作。然而，在比赛中，他们却往往显得并非那么技术高超，有时甚至在一般场合下都表现得束手无策。为了训练青少年足球运动员的专项灵敏性，在教学训练期间建议采用能够让他们在比赛中直接对所掌握的运动技巧加以运用的教学手段。简而言之，训练青少年足球运动员专项灵敏性的主要方法是足球技术动作的模仿练习和基本功练习。运动员在完成各种接力赛跑、技巧动作练习和组合练习时，应当以随机应变和迅速的动作摆脱突如其来的复杂局面。在训练守门员（为发展他们在无支撑状态下控制自己身体的技巧）的过程中，建议大量采用在蹦床上做各种桥式动作及技巧性跳跃动作的练习。

训练灵敏性的最佳时期是 9~12 岁，但这并不意味着在之后的青少年足球运动员训练中就不必提出训练和提高这项身体素质的任务了。恰恰相反，为了完成这项任务，建议在总的训练框架中制订个性化训练计划及个别运动员的补充性训练计划。

（二）灵敏素质训练示例

1. 单人灵敏素质训练

①以两手撑地半蹲的姿势，做前滚翻动作，然后回到原来的姿势。
②以两手撑地半蹲的姿势，向后做滚翻动作，然后回到原来的姿势。
③站立姿势，双脚与身体同时向前跃起，完成前滚翻动作。
④助跑后单腿跳离地面，跃上相互叠加的垫子或跳箱等，然后跃下并完成前滚翻动作。
⑤以两手撑地用半下蹲的姿势出发，向前向上跃起后，做加速跑，蛇形绕过间隔 2 米的 5 根立柱，然后跃起用头部顶碰悬挂着的球。
⑥跳跃 3 个栏架，然后运球跑动 12 米，再从两个栏架下面爬过之后，以用脚颠球的动作完成训练。

⑦将球向前方高空抛出，身体跳起越过体操凳，然后沿着体操凳奔跑，用脚掌停住球。

⑧沿着体操凳进行运球跑。

⑨完成行进中的用头部颠球动作。行走和颠球过程中，将体操凳放在进行练习的运动员两腿之间。

⑩完成向后滚翻动作后，紧接着再做一个前滚翻动作，然后冲刺跑动8～10米追赶滚动的球，追上后将球踢向目标。

⑪完成长滚翻越障碍物（如栏架、实心球等），然后完成6～8米距离的冲刺跑，在弹簧跳板上起跳，跃向"窗口"（环、吊环或类似的物件），并用头去顶悬挂着的球。

2. 多人灵敏素质训练

①进行活动性游戏，接力跑比赛。

②两人一组完成练习。相互抓紧对方的脚踝，两人完成向前滚翻的动作。

③两人一组完成练习。两人面对面用半下蹲姿势，各自抓住对方的手跳哥萨克舞。

④三人一组完成练习。两端的运动员面对面站立，中间的运动员朝面向自己站立的同伴做滚翻动作，而后者在越过他后马上朝第三名运动员做滚翻动作，第三名运动员同样也在越过中间者后做滚翻动作。

⑤完成起跑后的加速跑（5～6米），然后越过半蹲着的同伴，从斜撑着的第二个同伴的身下爬过，再次跳起从第三个同伴的上方越过，如此反复。

⑥三人一组完成练习，进行相互间的三角低传球（先顺时针传球，然后逆时针传球）。运动员将球传给同伴后，先做一个前滚翻动作，然后向上跳跃两次。

⑦沿着直径为8米的圆圈奔跑，然后双脚起跳越过4个实心球，完成一个前滚翻动作后，用内脚背或外脚背去踢球。球由站在踢球运动员侧面的同伴抛出。

⑧三人一组完成练习。沿着三角形完成两个球的传球动作（先顺时针方向传球，然后逆时针方向传球）。

⑨采用各种方式用脚颠球，站在原地并慢慢往前跑位。颠球数次后相互传递。

⑩两人一组完成练习。用头部颠球，颠球数次后相互传递，站在原地并慢慢往前。

⑪接力运球（蛇形、"之"字形、转圈、"8"字形）及与同伴传递球。

五、柔韧素质训练

（一）柔韧素质训练注意事项

柔韧性是运动支撑器官的机能形态特性，决定着身体各个部分运动的幅度。柔韧性能够更为清晰地显示出其他方面的身体素质（如力量、速度、耐力和灵敏性），以及对最完美运动动作的把握。对于正确形成骨骼和整个运动支撑器官，柔韧素质训练是无可替代的。足球运动员如果具备足够的柔韧性，就可以自如地完成技术动作，以及紧张与放松之间的转换。柔韧性分为主动柔韧性和被动柔韧性两种。

主动柔韧性是运动员通过收缩相应关节周围的肌肉群，达到更大运动幅度的能力。被动柔韧性是借助于外力（如同伴的力量、某种负重、运动器材等）对身体运动部分产生作用，使关节运动达到最大幅度的能力。上述两种柔韧性是每个关节所特有的。但是肩关节运动水平很高的运动员，并不能保证自己的膝关节或踝关节也具有同样的运动水平。因此，在对青少年足球运动员进行多年训练的过程中，有必要全面训练培养他们的柔韧性。

柔韧性也可以分为一般柔韧性和专项柔韧性。一般柔韧性是身体所有关节以最大的幅度完成各种动作的运动能力。专项柔韧性只是部分关节所具备的最为重要，甚至是极限的运动能力。在参加比赛的运动员身上，就是这部分关节承受着主要的负荷。训练柔韧性的基本方法是做拉伸练习。在被拉伸的肌肉，特别是在肌肉的肌腱部位出现疼痛感时，运动员很容易感觉到运动幅度的极限。第一次疼痛的感觉应被视为停止练习的信号。

预先的准备活动、按摩、放松练习、温水淋浴，以及拉伸练习等，都可以成为训练肌肉和韧带弹性的有利因素。重复方式是通过这样的练习达到最佳柔韧性的主要手段。初始阶段的柔韧素质训练，建议运动员每天都做（如晨操、个性化的训练）。在将要达到训练的必要水平时，运动员应当减少拉伸练习程度。良好的柔韧性是相当稳定的，可以通过相应的练习去保持。这样的减量练习方法，建议列入每周2~3次的训练课程中。在柔韧素质训练结束之后，运动员必须进行放松练习。

柔韧性的好坏取决于运动员的年龄和性别。个体的身体各大关节的活动性，一般会逐渐增长到13~14岁，通常在16~17岁时趋于稳定。此后，这项身体素质就将稳定下降。应当注意，在训练大于13~14岁的青少年足球运动员时，如果忽略拉伸练习的话，则可能在青少年时期，他们的柔韧性就已经开始下降了。建议教练从青少年足球运动员7岁时就开始针对柔韧素质训练制订相关计划。同时，必须注意到，女性在所有年龄段，其柔韧性要比男性高出20%~30%。

（二）一般柔韧素质训练与拉伸法

1. 一般柔韧素质训练示例

①用弓步进行弹性摆动跨步走。

②将双手向上举起，完成前、后桡腕关节的动作。

③负重或无负重完成最大幅度的双臂画圈动作。

④在离墙1米处站立，面对墙完成"向前倒"的动作，然后用手掌用力推离墙面。

⑤完成膝关节画圈的动作。

⑥扭动躯体，完成髋关节的画圈动作。

⑦以左右腿完成髋关节（膝关节弯曲成90°）的画圈动作。

⑧将左（右）腿放在肋木或体操凳上，完成前倾的动作。

⑨双腿并拢站立，下腰前倾，将头触及膝盖。

⑩以仰面平躺的姿势，用双脚的脚尖分别触碰头部的左侧、右侧和头顶后面的地面。

⑪双腿并拢而坐，双手向后支撑，将腿向右（左）挥动。

⑫从站立的姿势转为双膝下跪，然后坐在脚后跟上。

⑬原地站立，然后用左、右脚轮流起跳。需要注意的是，要用脚掌发力。

⑭两人一组，完成抗阻和拉伸练习。

⑮模仿用内脚背踢球，原地完成左右脚的快速轮换动作。

⑯轮流用左、右脚的外脚背模仿颠球。

⑰轮流用左、右脚的内脚背模仿颠球。

⑱模仿去踢腰部位置高低的平空球，用左、右脚轮换完成动作。

2. 拉伸法及其应用

拉伸法是训练运动员柔韧性的一种方法。

拉伸法不采用大幅度的摆动动作、任何一种在肌肉高度拉伸和紧绷情况下的快速与强力动作，以及那些可能会对运动支撑器官的肌肉韧带部分造成损伤的动作。拉伸法的实质是在紧绷与放松的交替中尽量地去拉伸肌肉。

在对青少年足球运动员的训练中，应当只对已经兴奋了的肌肉采用拉伸法。

拉伸法要求以完成几种方式的练习为前提：首先，绷紧部分肌肉或肌肉群，以最大的力量作用于处在静止状态的支撑物体。其次，做这样的练习要在2～3秒的暂停休息时放松肌肉。再次，要平稳地完成工作着的肌肉拉伸，以及同样绷紧20～30秒。最后，当肌肉被拉伸到将要产生疼痛感的临界点时应停止，也就是拉伸获得最佳效果的时候。与此同时，不建议运动员在忍受剧痛的极限情况下争取完成练习，可适当延长一些肌肉拉伸状态的时间。

具体来说，可以采用以下几种拉伸法进行柔韧素质训练：

①两手手指交叉，抱住后颈，肘部向后用力，头向前伸。

②用手掌捂住肘关节将其向肩部方向推压。

③两人一组完成练习。前面的人双手抱住后颈，用双手向站在身后的同伴施加抗力，后面的人则将前者的肘部向下拉。

④向前伸出双手，用手掌紧紧压住球。

⑤站在墙角处，面向墙（用手掌撑在墙上），将身躯尽量往前压。

⑥背靠肋木站立，用手掌搭在横木上向下施压。

⑦用站立的姿势，将左（右）手肘关节弯曲高举，并用右（左）手将另一只手的肘关节往向下压。

⑧将双臂弯曲抬起（肩关节），然后放下，手伸直（肘关节），伸直时要绷紧。

⑨坐在体操凳上，用手掌撑着凳面（手指向后展开），手指用力往下。

⑩向前弓步，用双手撑住膝盖，完成伸展关节的动作。

⑪用双臂靠在某个物体上，将额头贴于手臂上（一条腿屈膝向前，另一条腿向后伸直，成弓步），慢慢向前跑位，背部要挺直。伸直的腿脚掌不可离开地面，必须在放松小腿后侧肌肉的情况下轻轻地将脚从膝盖的方向往侧面转动，轮换给两条腿形成紧绷状态。

⑫用站立的姿势，微蹲，绷紧膝上的股四头肌，同时放松大腿后面的肌肉。

⑬用双脚比肩宽的姿势站立，完成向前弯腰的动作（这时双腿膝关节略微弯曲，颈部和双手处于放松状态），直到感觉大腿后面的肌肉绷紧为止。

⑭单腿站立（另一条腿膝关节弯曲，向后搭在肋木的横条上），在完成弯曲站立支撑腿膝关节的同时，背部向后下方倾倒。

⑮左（右）腿单腿站立，用手抓住右（左）脚掌，在弯曲膝关节的同时，将脚掌向臀部靠拢。

⑯仰卧（身体上肢离开地面30°），双手放在臀部或躯干两侧，绷紧腹部肌肉。

⑰侧卧，用左（右）手抓住左（右）小腿，在尽力克服阻力的同时弯曲左（右）腿的膝关节。

⑱用坐地的姿势，将双腿交叉在一起并用手撑住，然后轻轻向前倾，直到感觉腹部绷紧为止。完成这个姿势时，头部和肩部不可向前倾。

⑲用跪坐的姿势，完成躯干向后倾的动作，同时绷紧大腿和腹部的肌肉。

⑳将一条腿的膝关节伸直，搭在体操凳上，支撑腿微微弯曲，通过脚后跟对体操凳施压，同时绷紧大腿后侧肌肉。

㉑两腿分开站立，背靠肋木，用力绷紧大腿内侧肌肉，同时将两腿并拢。

㉒背靠墙壁站立，躯干略微向前倾，用腰部抵着墙壁（双手抱头），通过背部向墙壁用力。

㉓两腿分开，侧身靠墙站立，一只手臂高举，以最大的力量将手掌、前臂胸廓的侧面压向墙。

㉔两腿分开站立，完成向侧面拉伸的动作，同时将一只手放在头上，另一只手叉在腰间，绷紧侧面的肌肉。

㉕两人一组完成练习。克服来自同伴的阻力，伸展自己的脚，同时绷紧腿部的肌肉。

㉖深蹲，脚后跟彼此分开20~30厘米，双手放松地置于双膝之间，完成使

大腿肌肉和背部肌肉收紧的动作。

(三) 柔韧素质训练后的放松

在做完紧张的大肌肉练习之后,应进行放松练习。

具体来说,青少年足球运动员可以采用以下几种方式进行放松练习:

①在双手的不同位置(向下、两侧平举、向上)抖动手腕。

②用站立的姿势,双手向上高举,让双手由上往下"掉"。

③右(左)腿站立,自由地挥动另一条腿。

④两腿分开站立,在转动身躯的同时放松地挥动双臂。

⑤用手握住横杆(体操阶梯),用悬垂的姿势,完成放松地摆动双腿的动作。

⑥两腿分开站立,双手向上举起,完成连贯性的手腕和头部的放松、下垂动作。与此同时,身躯完成深蹲动作。

⑦用站立的姿势,将身体向前倾,完成放松的晃动身躯和自然下垂双手的动作。

⑧低强度的碎步小跑。

⑨用单腿在原地进行轻松的跳跃。与此同时,自然地摆动另一条腿和双臂。

⑩仰卧,完成彻底放松双肩、双手、双腿、身躯肌肉的动作。

⑪用双肩着地倒立的姿势完成抖动双腿的放松动作。

第二节 青少年足球运动员心理素质训练方法

一、青少年足球运动员心理素质训练概述

(一) 青少年足球运动员心理素质训练的概念与目的

1. 心理素质训练的概念

心理素质训练,是指借助多元化手段对青少年足球运动员的心理和个性进行有目的的引导和影响,以帮助他们掌握有效调控心理状态的方法,从而在足球运动中保持良好的心理状态。

心理素质训练是青少年足球运动员训练的基础内容。如今，运动心理学不断发展，人们越来越认识到心理素质训练的重要意义，并对其加以重视。逐渐地，心理素质训练成为青少年足球运动员训练的重点内容。

2. 心理素质训练的目的

青少年足球运动员心理素质训练是为了使他们具备训练和参赛中必备的心理素质，使他们能做好心理准备，从而全身心地参与高强度的训练和激烈的比赛。

（二）青少年足球运动员心理素质训练的意义

1. 有利于进一步提高心理活动水平

青少年足球运动员的心理状态对其在足球运动中的技术动作控制起着至关重要的作用。当心理状态不理想时，青少年足球运动员就难以高水平地控制身体活动和动作技巧。因此，教练必须采用科学的方法对青少年足球运动员进行心理素质训练。这样的训练有助于他们建立自信心，增强抗压能力，从而在比赛中能够更自如地发挥自己的技战术水平。

2. 有利于进一步提高心理活动强度

不管是在日常训练中，还是在正式比赛中，青少年足球运动员的心理活动强度都起着举足轻重的作用。当心理活动强度不足时，青少年足球运动员就难以发挥对技术动作的有效主导作用。因此，教练要有效地把握和调整心理活动强度，从而更好地对足球技术动作进行调节。

3. 对于消除心理障碍有积极作用

心理素质训练不仅能够起到调节青少年足球运动员心理活动能力的作用，还能够达到有效消除和治疗以往形成的某些心理障碍的目的。

在足球运动的训练和比赛中，青少年足球运动员往往会因为技术失常、比赛失败而产生心理障碍，如临场情绪超前过敏反应、临场生理异常、运动情绪淡漠等。针对这些情况，要采取专门的心理恢复和治疗手段。

(三）青少年足球运动员心理素质训练的内容

1. 常规心理素质训练

（1）常规心理素质训练的主要内容

常规心理素质训练的内容基本上可以分为三种类型。首先是集中注意力训练，有助于青少年足球运动员在比赛中保持高度专注。其次是意志力训练，有助于培养青少年足球运动员坚韧不拔的意志。最后是生物反馈训练，借助先进的科技设备，将青少年足球运动员机体的生理信息反馈给他们自身，让其根据反馈信息进行反复练习，从而逐渐掌握调节生理机能的方法和策略。常规心理素质训练有助于提高青少年足球运动员的运动感知觉能力，进一步推动他们动作技能的形成与校正。此外，常规心理素质训练也有益于调整青少年足球运动员的情绪状态，消解运动后的疲劳感，以及改善身体各器官系统的功能。

（2）常规心理素质训练的主要任务

常规心理素质训练的主要任务包括：使青少年足球运动员具有与足球运动专项需求相符合的兴趣、能力、气质等个性特征，以及感知觉、运动表象、形象思维、意志品质等心理过程；培养他们分配注意力的能力及较为稳定的注意力。

2. 实用性心理素质训练

实用性心理素质训练是指开赛前，针对足球比赛的具体情况，帮助青少年足球运动员所做的赛前心理准备的训练。

实用性心理素质训练的主要形式为赛前心理素质训练，即教练在赛前动员会上通过语言等方式调节运动员心理状态，并且使运动员快速学会自我调节方法，从而及时进入最佳竞技状态。

（1）赛前心理素质训练的主要内容

赛前心理素质训练的主要内容涵盖三个部分，分别是表象重现训练、情绪控制训练和模拟训练。其中，模拟训练尤为重要，通过模拟真实的比赛情境，如模拟对手、模拟场地条件、模拟气候、模拟现场情境和模拟裁判行为等，让青少年足球运动员进行实战练习，旨在提高他们的比赛适应能力。这种全方位的模拟训练，是提升运动员心理适应能力的关键手段。

（2）赛前心理素质训练的主要任务

赛前心理素质训练的主要任务包括：使青少年足球运动员明确比赛任务，激发良好的比赛动机，建立取胜的心理定向，形成达到目的的信心；使青少年足球运动员掌握各种心理的调节控制方法，消除紧张情绪，以最佳的心理状态出场；使青少年足球运动员学会在复杂的比赛形势下保持积极稳定的心理状态，以确保技战术水平的充分发挥。

二、青少年足球运动员心理素质训练的方法

（一）青少年足球运动员正确动机的训练方法

1. 设立心理素质训练目标

为了有效引导青少年足球运动员的动机进入正确轨道，心理素质训练的目标应设计得精准且具有智慧。从理论上看，设立具有吸引力的目标是刺激运动员产生动机的有效策略。例如，当针对球队进行足球训练时，教练往往会设立一个目标和预设成绩。在设立心理素质训练目标时要注意，所设立的目标要兼顾挑战性和可行性。这样的目标不仅能激发运动员的训练动机，增强他们参与训练的责任感，还有助于他们之间形成良好的沟通关系，增进对彼此的了解，从而实现相互促进。在设定青少年足球运动员的心理素质训练目标时，需注意以下几点：

第一，教练要全方位、深层次地了解整支球队和每个青少年足球运动员，这样才能确保心理素质训练目标兼顾挑战性和可行性。

第二，心理素质训练的目标应当具有量化标准，这有助于教练随时检测与监督训练过程。此外，心理素质训练目标应当相对灵活，不死板、不僵化，允许适时调整和修订，但同时必须明确该目标在各阶段的完成时间和总体完成时间。

第三，心理素质训练的目标可按训练周期的长短分为短期目标、中期目标和长期目标。其中，短期目标最为细致和具体，要设定实现目标的期限；中期目标是短期目标的阶段延伸，并以各阶段短期目标的实现，积累为中期目标的实现；短期目标和中期目标应该是长期目标的分期阶段目标。

第四，心理素质训练目标设定包含的内容有个人能力目标、整体实力目标、团队精神、战术纪律、球队风貌等。

2. 激发个人运动热情

激发青少年足球运动员对于足球运动强烈的运动热情是教练进行心理素质训练的主要任务之一。动机是人完成某种行为的最基本动力，只有使青少年足球运动员的个人动机达到最佳水平，才能使其训练和比赛效率达到最高值。

3. 凝聚团队运动热情

足球是一项团队性运动，对青少年足球运动员的心理素质训练除要针对个人开展外，还要从团队的角度着眼，树立团队的整体意识、团队精神和集体荣誉感，这就是教练通过心理素质训练唤起、凝聚团队的整体动机的主要目标，它关系到整支球队的整体训练水平和比赛成绩的提高。

4. 重视参赛动机的调控

足球运动是一项充满激情与竞技性的体育项目，每个运动员的目标都是进球、得分、取胜。因此，合理调控运动员的参赛动机是心理素质训练的关键环节之一，特别是在比赛前，教练需重点关注并调控运动员的参赛动机。在此过程中，有以下两点需要特别注意：

第一，教练需要精准判断和把握运动员的实际参赛动机，基于此，引导他们明确方向、增强信心、激发斗志，尤其要关注、判断和识别环境的变化情况，以及各种心理变化影响因素。

第二，教练需要在赛前和赛中环节对运动员进行心理适应相关指导。其原因在于，虽然运动员在长时间的训练中已经具备了不畏艰难的精神，但若是缺少丰富的比赛经验，就很容易被赛场上的突发情况打乱心理节奏。因此，教练需根据形势及时引导运动员放下心理负担和思想包袱，无视各种干扰，专注于比赛，将其参赛动机提升到最佳水平。

（二）青少年足球运动员良好态度的训练方法

在良好态度训练中，教练首先要引导青少年足球运动员正确地看待足球训练和比赛，不过度沉浸在胜负的执念中。这种置胜负于度外实际上是一种心理技巧，是为了让运动员形成良好态度，从而在赛场上表现得更好。如果一味地在运动员的脑海中灌输"只能赢，不能输"的观念，不仅很容易导致运动员在赛场上急于求胜，反而失误频频，还很容易导致运动员畏首畏尾、想赢怕输，最终心理崩溃。为了培养青少年足球运动员的良好态度，可以采取以下几种心理素质训练方法：

1. 身心放松法

身心放松的途径多样。例如，可以仰卧于宁静舒适之地，放慢呼吸节奏，使自己的心率和血压等植物性神经系统功能得到良好调节。在这一过程中，青少年足球运动员专注于轻松、宁静、愉悦的感觉，从而实现身心放松。

2. 自我暗示法

青少年足球运动员可以通过思想暗示和语言暗示，影响自己的潜意识。例如，在训练或比赛开始前，青少年足球运动员可以进行积极的自我心理暗示，如默念："我经过了长时间的训练，一定可以在赛场上超常发挥。""不管发生了什么，冷静判断，把握时机。"这样有助于植物性神经系统机能进行良好调节，能够有效提升运动员的自我心理调控能力，使之进入最佳心理状态。

3. 控制消极情绪

青少年足球运动员有时会由于各种内外部因素而出现消极情绪，影响自身在训练和比赛中的表现。因此，教练需将控制消极情绪作为良好态度训练的一个重点，使青少年运动员以积极乐观的态度面对训练和比赛。

当训练和比赛中的某种情景使青少年足球运动员感到忧虑或安全感不足时，自然就会产生焦虑、过度紧张等消极情绪。这样的情绪会给他们带来更大的精神压力，使他们出现自我否定的想法。因此，学会控制消极情绪对于青少年足球运动员来说至关重要。

运动员控制比赛时的紧张和其他消极情绪需要一个长期逐步改变的过程。长期有意识地进行情绪控制是青少年足球运动员需要掌握的一种重要方法。因此，要在日常训练中随时关注对消极情绪的控制，一旦青少年足球运动员在训练中表现出消极情绪，教练可以即刻叫停训练，并以单独交流等形式对其消极情绪进行了解和消除。

（三）青少年足球运动员注意力的训练方法

在青少年足球运动员心理素质训练中，注意力的训练方法十分多样，以下是几种常见的训练方法：

1.通过讲解的方法培养注意力

教练可以通过讲解来帮助青少年足球运动员集中注意力。教练应当把握在日常训练和比赛过程中的合适时机，针对集中注意力进行强调，要注意讲解中使用的语言应当简明扼要、一语中的且形象生动，从而有效激发运动员的兴趣，让他们用心地倾听和思考，以此达到集中注意力的效果。

2.结合训练方法培养注意力

（1）结合技术训练的方法

在训练中，教练可以将注意力训练与技术训练相结合，采取特殊的训练形式或加强难度训练，可以设置如"三人颠两球"这样的训练项目，要求运动员一次触球，以颠球的方式让2个球以逆（顺）时针在3人间传递；还可以进行"圆形传球练习"，安排6～10名运动员围绕成圆形，用2个球进行传球练习，并且要求用脚内侧一次触球，既不能使球互相碰撞，也不能同时将2个球传到同一名运动员脚下。这些高难度的技术训练可以有效地锻炼运动员的专注力。

（2）结合战术训练的方法

在战术训练中，培养注意力也是一个良好的方法。例如，在后卫线制造越位战术训练中，当对方持球队员准备传空挡或传身后球时，或者己方防守中当球被向前踢出时，后卫线需按照口令统一行动，向前移动，从而制造越位，迫使对方后撤。另外，教练还可以采取攻方制造反越位战术训练，即面对上述两种后卫线制造越位的情况时，攻方的位于后卫线附近同时在非越位位置的队员需要听令快速插上接球，以制造反越位的机会。这不仅能增强运动员的战术意识，还能通过协同行动来培养运动员的专注力。

（3）模拟比赛法

模拟比赛法是最为贴近实战的一种训练方法。在模拟比赛训练时，教练要注意培养青少年足球运动员对比赛集中注意力的能力，要求青少年足球运动员在比赛中，把注意力集中在贯彻教练意图、完成技术动作、完成战术配合上。此外，特别需要强调的是，运动员不要受到外界客观因素的影响。

总之，心理素质训练的方法多种多样，并且不同的青少年足球运动员在不同的训练实践中有各自特有的方式，训练所要达到的目的和需要解决的问题也各不相同，在使用时要注意灵活运用，酌情而定。

（四）青少年足球运动员自信心的训练方法

青少年足球运动员自信心的建立，并非一蹴而就，而是在日积月累的训练与比赛的磨砺中逐渐形成的。这背后是教练不辞辛劳的悉心培养和运动员的不断努力。教练应该协助运动员深入分析比赛胜负的主、客观因素，并基于此进行针对性的扬长补短的训练，使运动员的个人能力和自信心得以提升。教练在组织训练的过程中必须根据每名运动员的现实情况，制订可行的、渐进的训练计划，对运动员的要求不可过于苛刻，否则很容易对他们的自信心造成打击。训练青少年足球运动员的自信心可以采用以下多种方法：

1. 鼓励法

当运动员在训练或比赛中失误、受挫或技术难以提升时，教练应避免使用讽刺、挖苦性语言，不可盲目采取处罚方式，而是要耐心地带领他们认真分析情况，找出背后原因，商量解决方案。此外，教练要及时、充分地肯定和鼓励青少年足球运动员的努力和良好表现，使他们建立自信心。

2. 念动法

念动法，也称为"心理回忆训练"，是指青少年足球运动员在训练或比赛前，对即将运用的技术和战术的要领、要求、方法、技巧等进行系统的回忆，可以默想，也可以通过观看图片、影像资料等进行。在回忆过程中，青少年足球运动员要把完成动作的感觉和体验结合起来，以达到强化动作概念、改进和完善技术和战术的目的。

3. 讲述经验，提升自信心

思维是自我想象空间的自我对话，用积极的话语、积极的心态进行自我对话对增强自信心十分有益。

在足球训练和比赛中，每名青少年足球运动员都有成功的经历和体验，深藏内心的成功喜悦和美好回忆是提升自信心的动力。在比赛前，运动员用成功的经历和体验来提升自信心是非常有效的。

（五）青少年足球运动员意志力的训练方法

意志力训练并非短期性的专项训练，而是融入运动员整个发展过程中，融入日常训练和比赛的细节中。教练需要灵活结合生活、训练和比赛中的各种情况，采取多样化的意志力训练方式。

1. 在日常生活中培养意志力

在日常生活中，教练需要灵活抓住各种时机，巧妙地利用日常的难题和冲突来启发并引导运动员，让他们通过自己的力量克服困难、解决矛盾，同时累积经验、树立信心，塑造出坚毅不屈的意志。

2. 在训练和比赛中培养意志力

（1）在艰苦环境下组织训练

训练和比赛是培养青少年足球运动员意志力的最佳途径，特别是在雨雪、寒冷、炎热等艰苦的环境下进行训练，是对意志的极佳磨炼。在训练中，教练需要求严格、明确，以获得理想的训练效果。

（2）在困难的情况下坚持训练

当运动员身体疲惫时，教练组织训练或比赛，可以让运动员在疲劳中突破自我，在坚持中磨炼意志品质。高难度的训练和比赛对运动员的意志力也是极好的磨炼。

当运动员因伤病不能参与正常训练时，教练应当和医生深入分析、认真论证，安排一些有助于恢复、保持体能和状态的训练，也能够对运动员的意志力形成很好的磨炼。

教练在这些情况下都要充分地关心、支持和鼓励运动员，给予他们心灵上的力量。运动员也需重视和加强休息与恢复。这样双管齐下，便能在潜移默化中逐步提高青少年足球运动员的意志力，为他们日后的运动生涯打下坚实的基础。

（3）模拟比赛环境进行训练

在对比赛环境条件及对对手特点进行了解和分析的基础上，安排相同情况下的适应性训练，就是模拟比赛环境进行训练。在现代足球运动中，进行模拟训练的主要目的在于有效提高运动员的临场适应性与坚强的意志力。运动员可以通过模拟训练在头脑中建立起合理的动力定型结构，来应对比赛中随时改变的临场情况，从而将自己的技战术水平充分发挥出来。具体来说，模拟训练的具体做法有很多，以下几个方面是较为主要的：

①模拟赛场气氛。通常在现代足球运动比赛过程中，在场观众的欢呼声会在不同程度上影响运动员的注意力，使运动员出现注意力分散和产生紧张情绪的情况。因此，在训练时，球队可以经常邀请观众到场观看，营造一种热烈的氛围。此外，教练也可以采用播放观众欢呼声录音的形式，音量从小到大地调节到接近竞赛时的实际程度，这样的训练能够有效提高运动员适应赛场环境的能力。

②模拟对手。教练应该搜集即将面对的对手的情报，比较常见的途径有：通过仔细观看对手以前的比赛录像，然后有针对性地对一部分队员专门模拟对手的特点（技战术等方面）进行安排，或者挑选一些与对手特点相似的队员，让他们与即将参赛的运动员进行训练比赛，使其做到知己知彼、心中有数，使其自身获胜的自信心与意志力得到进一步的增强。

③改变赛场局势。由于现在足球技战术的发展速度较快，并且已经发展到了一个较高的阶段，因此比赛场上情况的复杂程度也越来越高，往往会出现一些难以预测的情况。鉴于此，就要求青少年足球运动员对不断变化的情况有一定的适应能力和较强的意志力。具体来说，可在比赛中有意识地采用改变比赛局势的方式，这种训练方法能够有效发展和提高青少年足球运动员的意志力。

三、青少年足球运动员心理素质训练的注意事项

（一）注重团队心理氛围的维持

心理氛围的形成代表着团队成为一个紧密团结在一起的整体。团队心理氛围是指整个团队和个别队员的情感状态。在良好的团队心理氛围下，所有队员能够朝着共同的目标和追求协同一致地运动，从而有效克服困难，顺利达成目标。

良好的团队心理氛围的形成不是个别队员努力的结果，而是需要每名队员的参与和贡献。在团队中，当一种积极乐观的、充满活力的、愉快的氛围占据主导地位时，团队中的每一名运动员都会受到这种氛围的感染和影响，从而获得正面

的集体运动体验及良好的自我感受。

1. 确立团队道德准则

团队道德准则是指绝大多数队员所认同、遵守和维护的，能够约束运动员在团队中的行为。实际上，团队道德准则的主要作用就是对运动员的行为进行有效调节，使其与团队的目标和价值观保持一致。团队道德准则体现了这个团队的社会定向，反映了队员的共同情感。

2. 保持良好的团队情绪

一般来说，优秀的表现和胜利可以激发整个团队的满足感，使团队情绪达到高潮，进而为运动员在未来运动生涯中战胜对手、取得胜利、超越自我注入新的力量。有时，失败也能够带来类似的效果，但这需要教练和运动员找到失败的真正原因，吸取经验教训。

3. 减少团队冲突

队员之间的矛盾和冲突很容易导致彼此情绪的大幅波动，进而引发悲伤、委屈、愤怒，甚至仇恨情绪，对良好的团队氛围的形成造成负面影响。此外，心理受挫的青少年足球运动员在冲突中会感到紧张、焦虑、不安等，这很容易使其自尊心受损，影响在训练和比赛中的表现。

显然，团队冲突不利于良好团队心理氛围的形成。因此，教练应当对运动员及时进行预防性的心理疏导。

总之，重视团队心理氛围的建设能使足球心理素质训练效益扩大化，形成良好的团队意识，从整体上提高青少年足球运动员的心理素质水平。

（二）重视团队之间的人际沟通

在竞技体育，尤其是团体运动中，队员与队员、队员与教练之间的有效人际沟通是维护团队和谐人际关系的重要因素。

良好人际关系的构建依赖于有效的人际沟通，这既包括口头的沟通方式，也包括非口头的沟通方式。在足球运动中，这两种沟通方式均发挥着重要作用。人际沟通包含情绪表达、信息传递等要素，能够对团队整体的协作关系产生深远影响。在青少年足球运动中，这些沟通要素的细微差别对运动员的比赛、训练及与其他社会成员的交往有着很大的影响。

在与运动员沟通时，教练既要合理使用口头沟通方式，又要重视使用非口头沟通方式。在青少年足球运动员心理素质训练中，沟通的质量和数量都至关重要。教练与每个运动员之间的沟通在数量和质量上的差别，都会对整个团队的团结性及心理构造产生影响。因此，青少年足球运动员的心理素质训练应特别注重并加强队员与队员、队员与教练之间的平等沟通，平衡各个队员与教练之间的人际关系，增进队员间的友好与信任，从而为提升团队表现创造有利条件。

第三节　青少年足球运动员智能训练方法

一、智能概述

（一）智能的概念

孙文新等指出："青少年足球运动员对足球赛场上事态的认识和运用自己的知识对出现的各种问题进行解决的能力就是所谓的足球运动智能。"[①]

足球运动智能属于一般技能，是足球运动员竞技能力的基础性的构成部分。在足球训练中，教练应当重视足球运动智能训练，结合多学科知识安排智能训练的内容和方法，有效发展运动员的足球运动智能。

如今，足球运动训练和比赛呈现出明显的专业化趋势，其专业化水平不断提升。与此同时，其对运动员的足球运动智能水平的要求也不断提升。只有达到一定足球运动智能水平的运动员，才能顺利参与足球运动。实际上，足球运动员的训练成果和比赛胜负都受到其足球运动智能水平的深刻影响。因此，青少年足球运动员必须深刻理解并重视在足球训练与比赛中智能的重要性。

（二）智能对青少年足球运动员的积极影响

在足球运动中，青少年足球运动员的足球运动智能水平越高，越能够深层次地

[①] 孙文新，侯会生.现代女子足球科学化训练理论与实践[M].北京：北京体育大学出版社，2009.

洞察和把握足球运动的特征及规律，以及足球训练的理论与方法；在训练过程中，越能够准确和深入地理解教练的训练意图，自觉自主地配合训练计划，从而更加高效和高质量地完成训练任务，提高自身的足球技术水平和提升自己的竞技能力。

足球运动智能水平较高的青少年足球运动员可以更加迅速且准确地记忆和理解足球技术动作的要点，从而大幅缩短学习与掌握足球技巧的过程。同时，他们能够更深层次地理解足球战术，把握其实质，并且结合比赛情况灵活运用各种战术。此外，他们能够更快更好地学习和掌握心理学知识，从而有效调动和掌控自己的心理状态，在比赛中更加充分地发挥自己的竞技水平。

二、智能训练的基本方法

（一）运动感知能力训练

在体育训练中，对于运动员的运动感知能力的培养和提升，应当依托于丰富的视觉信号刺激，进行多元化的练习。教练应巧妙地变换灯光的色彩、亮度等各种视觉信号，为运动员带来丰富的视觉刺激。同时，运动员应迅速地响应不同的视觉信号，精准完成技术动作与战术配合。这样的练习有助于提升运动员视觉的准确性，从而有效拓宽他们的视野范围，使他们在比赛中能更深入、更全面地观察与分析场上情况。

对于青少年足球运动员来说，他们每一次技术动作的变化和运用，都深深地依赖于其视觉的深度和广度。为了在比赛中能够做出正确的思维判断和进行正确的行动，他们必须学会全面感知场上的客观情况。因此，在日常的技战术训练中，培养运动员抬头观察的习惯显得尤为重要。特别是在无球训练时，运动员应全面、深入地观察足球、队友和对手的动态，在接球前扫视场上的局势，再进行灵活处理。考虑到足球比赛的快速奔跑特性，教练还要重视奔跑练习。总之，全方位的感知能力训练是提升运动员运动感知能力的关键，这不仅能提高他们的技术水平，还能使他们在比赛中做出更准确的判断和决策。

（二）运动记忆能力训练

在足球比赛中，可能会发生很多意想不到的情况，这对青少年足球运动员来说是一个挑战。面对突发情况，他们往往会感到迷茫，难以随机应变，甚至无法调节到正常的竞技状态。很多顶尖运动员都是在一次次的训练和比赛过程中、在观看他人比赛的过程中，不断吸取教训、总结经验，设想自己遇到类似问题该如何解决。这一过程是提升足球技艺的关键路径。因此，对于青少年足球运动员来说，培养运动记忆能力显得尤为重要。

在运动记忆能力训练中，教练应当引导运动员有意识地激活脑中的动作表象，并采取适当的语言暗示。这能够帮助他们在脑中建立正确的动作概念和表象，加深记忆。闲暇之余，运动员可以回忆之前在训练或比赛中遇到的问题，探寻解决方案。

此外，教练还可以安排运动员观看并分析重要的比赛现场或录像，并在之后的训练中再现比赛中的重要片段，从而加深运动员对技战术的记忆。

（三）运动注意能力训练

运动注意能力训练的方法十分多样，如让运动员复述训练任务、对运动员提出严格要求、在嘈杂环境中训练、调整训练难度等。其中，模拟比赛氛围是一个很有效的方法。在足球比赛中，观众的热情呐喊和加油声常常会干扰运动员。因此，在平时的训练中，教练应通过模拟比赛氛围，强化干扰式训练，如安排人在训练场所中大声加油、播放吵闹的音乐等，锻炼运动员在复杂环境中保持专注的能力。

三、智能训练的基本要求

在青少年足球运动员智能训练中，需要重视以下几个基本方面：

第一，转变青少年足球运动员的观念，要让他们充分地认识到智能训练的重要性，认识到足球运动能力的提升不仅与体能有关，还与智能有关，从而激发他们自觉参与智能训练的主动性。

第二，智能训练要做到立足实际、区分层次，根据青少年足球运动员的实际情况（即文化知识水平、专业知识水平、个性等），有针对性地选择训练方法和内容。此外，教练要根据上述情况对运动员进行分层，基于此确定不同的智能训练难度，给每名运动员安排更符合他们需求的训练计划。

第三，将智能训练的理念和内容融入整个训练体系中。这有助于全面提升运动员的综合素质，为他们在足球道路上取得成功提供有力保障。

第四，构建一套科学的智能测评与评估制度，用于衡量青少年足球运动员的足球运动智能。评估工作应与足球训练和比赛相结合，通过运动实践活动来评定，并可组织专门的评测活动，准确地评价每名青少年足球运动员的足球运动智能。

第五章 青少年足球运动员技战术训练

现代足球赛事的角逐与对决越来越激烈，运动员只有在充分掌握技术和战术的基础上，才有可能在这种高强度的对抗和快速的攻防转换中胜出。本章对青少年足球运动员技战术训练进行论述，内容包括足球技战术基本理论、青少年足球运动员技术训练和青少年足球运动员战术训练。

第一节 足球技战术基本理论

一、足球技术基本理论

（一）足球技术基本概念

足球技术形成、发展和完善于足球训练和比赛实践活动中，它指的不是某一个具体的动作，而是运动员在足球比赛中使用的合理动作的统称。

如今，足球运动的竞技性越来越凸显，在比赛中攻防节奏变快，经常采用全攻全守的战术打法。足球比赛竞争程度的日益加剧，要求足球运动员具有更加高超的攻防技术。因此，现代足球技术发展得越来越全面、快速、精准、实用。

具体而言，足球技术涵盖了颠球、运球、控球、传球、接球、射门和守门等多个方面。每一种技术都对比赛局势有着举足轻重的影响，决定着比赛的胜负。这些技术的掌握与运用离不开运动员长期的训练和不懈的努力。

（二）足球技术的特征

1. 足球技术与意识相结合

足球意识指的是足球运动员对足球比赛规律的深刻理解，以及根据赛场上形势的变化在合适的时机做出有效行动的思维能力。在瞬息万变的足球比赛中，有时会出现一些难以预料的情况，这就要求运动员具有灵活应变的思维和良好的心理状态，以妥善应对各种突发情况，甚至将其转变为对己方有利的局面。换句话说，积极的足球意识是运动员在比赛中及时、有效地处理突发问题的关键。

人的实践活动受到一定意识的支配，足球技术的应用也是如此，即足球技术与足球意识紧密结合。这是足球技术的基本特征，意味着青少年足球运动员不仅要具有较高的技术能力，还要具有较高的战术能力和良好的足球意识。具体而言，他们需要深入理解足球比赛的规律，熟悉各种战术打法的精髓，并能正确判断比赛形势，基于此果断采取行动。只有这样，他们才能在赛场上充分发挥自己的技术和战术，取得优异的成绩。

鉴于足球运动具有技术与意识相结合的特征，因此在对青少年足球运动员进行培养的过程中，要注意在足球技战术训练中融入意识的培养，促使其足球意识不断建立和深化。

意识的存在并不孤立，受多方面因素的影响，如运动员的文化素质、理论水平、外界条件等。但是，不同的青少年足球人才拥有不同的天赋，天赋是影响运动员运动水平的关键因素。因此，在足球训练中，教练要对天赋较好的青少年后备人才进行大量的挖掘与重点训练。

2. 足球技术运用的目的性

在足球的竞技舞台上，每位运动员施展的技巧都是为了达成特定的目标，这恰恰体现了足球技术运用的目的性特点。然而，一些青少年足球运动员没有把握好这一点，在运用足球技术时显得过于随意，缺乏明确的目的导向，所以难以在比赛中取得理想的成绩。基于此，青少年足球运动员应该在技术训练中加强对足球技术特点和作用的认识，并且不断积累经验，强化自己对足球技术的掌握，从而避免盲目运用足球技术，充分发挥每一项技术的作用。

总之，教练要合理安排训练，帮助青少年足球运动员深入理解足球技术运用的目的，熟练掌握并合理运用各种足球技术，提高足球技术运用的目的性和有效性，让他们可以更全面地认识到足球运动的魅力，更好地享受足球带来的乐趣。

3.足球技术的即兴发挥性

在足球比赛这一充满复杂因素和意外情况的赛场上，运动员需灵活操控各种技术和战术。这正体现了足球技术的即兴发挥性。随着现代足球比赛的节奏日益加快、激烈程度日益提升，运动员在赛场上没有过多思考和斟酌的时间和空间，这要求他们必须掌握对足球技术的即兴发挥能力。不过，要做到这种即兴发挥，运动员必须先拥有扎实的技战术基础。

运动员对足球技术的即兴发挥并非毫无头脑的行动，而是有着明确的目的性。因此，他们需全面掌握各种足球技术，养成良好的足球意识，形成坚定的心理品质，提升快速反应能力，并能够快速地在短时间内展现这些能力。这要求他们具备迅速决策和适应变化的能力，具有足球技术的即兴发挥能力，而这正是优秀足球运动员不可或缺的素质。

二、足球战术基本理论

（一）足球战术的概念

足球战术是指足球运动员结合比赛具体情况，采取个人或集体配合的方法和策略，以战胜对手。

（二）足球战术的本质

足球战术的本质在于运动员迅速判断场上瞬息万变的形势，对自身掌握的足球知识和技能进行合理运用，推动比赛发展的情况有利于自己。

（三）足球战术的分类

1.进攻战术

（1）整体进攻战术

整体进攻战术种类繁多，根据不同的标准有着不同的分类，具体内容如下：

①根据进攻的方向，整体进攻战术可分为中路进攻、边路进攻和中边路转移进攻。

②根据位置不同，整体进攻战术可分为换位进攻和插上进攻。

③根据速度快慢，整体进攻战术可分为逐步进攻和快速反击。

④根据定理，整体进攻战术可分为阵地进攻、拉锯进攻和防守反击等。

一次完整的进攻可分为发动、发展和结束三个阶段，但这三个阶段并不是绝对的，有时在发动或发展阶段就被对手阻截或破坏，也有时在抢到球后就传中或射门。因此，战术的组织要简练、实用、快速，尽量缩短完成进攻所需要的时间，以降低进攻过程中所造成的失误，达到尽快射门的目的。

（2）局部进攻战术

作为整体进攻战术的基础，局部进攻战术指的是2~3名运动员在局部相互配合开展进攻，不管进攻战术的复杂性如何，其基本构成单位始终是2~3名运动员。实际上，两名运动员可以在球场上的所有区域相互配合进行二过一、二过二的进攻，而进攻结果主要受到两人战术水平的影响。在对方队员紧逼盯人防守的情况下，己方队员通过灵活的摆脱和跑位，能够在局部区域创造出二过一的有利局面。局部进攻战术包括传切配合的二过一、交叉掩护的二过一及三过二等配合等。

（3）个人进攻战术

个人进攻战术是指在足球比赛中，运动员为了进球得分而采取的个人行动。它不仅是足球局部进攻战术和整体进攻战术中的关键要素，还直接影响了这两个战术的成效。个人进攻战术包括传球、射门、运球突破和摆脱跑位等。

2. 防守战术

（1）整体防守战术

在比赛中，整个团队为了防守而相互配合的战术就是整体防守战术。按照盯防模式，整体防守战术主要分为人盯人防守、区域防守和混合防守；按照打法，主要分为向前逼压式打法、层次回散式打法和快速密集式打法。

（2）局部防守战术

局部防守战术指的是两名及以上的运动员为了防守对方的进攻而默契配合开

展防守的战术。局部防守战术主要包括保护、部位防守和围抢等，是整体防守战术的基础。

（3）个人防守战术

为了有效地抵御和掌控对手的进攻，运动员所采取的一系列个人行动，即个人防守战术。个人防守战术主要包括选位、盯人、截球等，为团队防守提供了支持。

3. 定位球战术

定位球战术可分为任意球战术、角球攻守战术和界外球攻守战术。

（四）足球战术原则

在激烈的足球比赛中，当一支球队从对方脚下夺得球权时，一场进攻战术便展开了。足球比赛战术运用有几个原则需要遵守，即宽度原则、渗透原则、灵活原则和即兴发挥原则。足球运动员结合场上形势灵活运用上述原则，可更好地发挥战术作用。

1. 宽度原则

宽度原则强调进攻方应充分借助足球场地的宽度，迫使防守方不得不扩大其横向的防守面积，为己方创造有利的进攻空间。这一原则特别适用于需要放缓进攻的速度，稳步进攻的战术局面。无论运动员处于赛场上的哪个区域，此原则均适用。这一原则需要运动员精准、熟练地掌握横传和横向长传的基本技术，这样才能进一步更好地开展渗透性进攻。

2. 渗透原则

渗透原则指的是在通过横传拉开防守后，为了创造射门机会，而灵活使用合适的脚法以最快的速度进行传球渗透并向前推进。它要求运动员一方面熟练掌握并运用各种脚法，能够基于此进行准确、快速传球渗透；另一方面要速度快，渗透防守的一个不可忽视的条件就是在慢速进攻的情况下突然提速。渗透成功的可能性与速度有很大关系。

因此，在中场稳步进攻的过程中，每名运动员都要寻找机会进行渗透性传球，为射门得分创造机会。

3. 灵活原则

灵活原则是指在被对方盯防时，运动员采取的机智带球和无球行动。具体而言，运动员在进行有球行动时，通过向一侧运球为队友制造另一侧的跑位切入空当，或者向前运球以在身后制造空当；运动员在进行无球行动时，有意识地进行穿插跑位，为无法持球的队友拉开空当，并抓住持球队友通过战术移动所制造的空当切入，寻找传球点。

在实施灵活原则时，运动员需具备较快的启动速度，以便在需要时迅速摆脱盯人、切入空当，以及进行后卫插上和中场策应。

进攻队员必须具备上述技术、战术及身体素质方面的能力，并能正确、合理地执行灵活原则，方能瓦解对方密集的防守布局，打乱对方的防守阵脚，求得前场进攻战术运用的成功。

4. 即兴发挥原则

即兴发挥原则是指在进攻中合理、随意创造射门机会和抢时机射门，其最终目的在于射门得分。就该原则战术思想而言，每名队员都应尽可能多地创造射门机会并伺机射门，否则必然劳而无功。

总之，在逼抢激烈的争夺中，战术的有效性更依赖于队员对环境的深刻理解和即兴创造力。因此，直觉、应变思维、临场经验、本能反应等战术素养和个人天赋是成为参战队员的必备条件。

（五）足球基本战术阵形

比赛阵形指的是针对己方的特点或对方的弱点，精心设置场上运动员的位置和职责的表现形式。

比赛阵形是足球比赛发展到一定阶段的产物。在最开始的足球比赛中，运动员的位置是很随意和灵活的，都是由运动员根据场上形势即兴发挥的，没有比赛阵形这一概念。然而，随着足球运动的发展和足球比赛活动的开展，运动员逐渐找到了一套比较合理的体能分配方法，也就是在一些运动员专门进行进攻的同时，另一些运动员主要进行防守，这就是阵形的由来。如今，足球比赛已发展出多种阵形。在此，我们将对其中三种常用阵形进行简要分析。

1. "四三三"阵形

"四三三"阵形是如今足球比赛中常见的阵形之一，属于一种全攻全守的战术布局。此阵形强调全员参与及灵活调整攻防两端，最大限度地发挥团队的优势。此阵形赋予了运动员很大的攻防机动性。

（1）前卫队员的攻守打法

在这一阵形中，前卫队员的布局和策略尤为关键。其中一名拖后，其他两名微微靠前，他们构成一个动态的攻防三角形。在防守时，拖后前卫负责盯防对方的中路进攻，并按照球的移动方向进行适当的位移，将两名中卫之间、中卫与边后卫之间的空隙进行有效填补，其他两名前卫略微站在前面；两名边前卫需紧密盯防对方的前卫队员，以破坏其中场进攻计划，与边路相互配合，共同防守。在进攻时，拖后前卫应该积极到持球队友的身边，及时接应和支援，发挥有效的组织和参与进攻的作用；两名边前卫则适时发动中场进攻，与前锋队友形成接应，通过与队友的默契配合，突然插上进攻，抓住时机突破对方防线，进而捕捉机会射门得分。

（2）前锋队员的攻守打法

两名边锋主要活跃于球场两边区域，其主要职责在于通过快速突破或通过与队友配合后突破，进行下底传中或内切射门。边锋球员的上、下跑动能力要强，并且要适度增加无球跑动以吸引对方防守球员的注意。当中路进攻时，前锋队员需要与中锋进行交叉换位或不同形式的二过一配合，并对异侧边路传中球及时进行包抄，争取抢点射门；一旦从进攻转为防守，立即回抢或对控球队员进行盯防，并在边路与其他防守队员配合来夹击、围抢对方进攻队员，与前卫队员一起形成第一道防线。第三名前锋，主要的攻击手是中锋，中锋要注意与对方拖后中卫紧靠，或者将活动区域锁定在两名中卫之间和中卫与边后卫结合区域，通过左右扯动或反复拉、插，制造传球空当，通过对传切、头球摆渡、各种二过一配合等方法的运用来争取创造突破与射门的机会。一旦出现失球，前锋队员对对方控球队员进行迅速阻抢，可以延缓对手的反击速度。

（3）后卫队员的攻守打法

两名边后卫在防守好对方边路进攻的同时，还要适度兼顾中路的防守，调整好与中卫的站位距离，保持注意力的高度集中，以便及时保护和补位。在由守转攻时，后卫队员根据战术需要适时压上助攻。两名中卫在战术需要时可有一人适时来到拖后前卫位置参与进攻。突前盯人中卫应将对方的突前中锋作为盯防对象，使罚球区前沿的进攻威胁得以清除，拖后中卫专门负责保护与补位，也就是对防守的漏洞及时加以弥补，将传到后卫身后的球抢断，对突然插入门前的进攻队员进行盯抢，并对全队的防守进行有条不紊的组织和指挥。当由防守转为进攻时，两名中卫要与边卫一起组织对后场的进攻，伺机压上助攻。

2. "四四二"阵形

"四四二"阵形有效地强化了中场、后场的防守，有助于更加灵活、机动地组织进攻、防守与转换攻防。在长期的足球比赛实践中，"四四二"阵形还结合多样化战术延伸出多种阵形，这些阵形之间的不同主要在于中场四人的站位。站位主要是为了最大化地发挥长处并规避短处。不同位置有不同的职责，具体如下：

（1）前卫队员的职责

①拖后前卫、突前前卫和左右两边前卫设置。

拖后前卫，也称后腰。他的主要任务在于：在防守时，紧盯防守对方的突前前卫的进攻；在进攻时，组织己方中后场的进攻，掌控比赛的节奏和进攻方向。突前前卫，也称前腰。他的职责更加灵活和自由，相对而言更侧重于进攻。突前前卫很多时候不作为进攻主力，而是发挥连接和过渡的作用，如接应中场、后场的传球，传给前锋，与前锋配合或向中路插上，从而突破对方防线，为射门得分创造机会。此外，突前前卫还应与边前卫相互配合，在边路组织进攻，发挥边锋作用。同时，也需要在失球时对对方的拖后前卫进行紧盯防守，阻击对方中后场发动的进攻。左、右两边前卫的职责在于边路攻防，与突前前卫和两名前锋共同构成攻防的中轴，需作为边锋组织、发动和参与边路进攻；或者在中路与队友相互配合，抓住时机直接插上或包抄射门。

在防守时，快速回防，盯防对方的两名边前卫，及时填补边后卫因插上助攻而留下的空当，让全队形成稳固的防守。但这种前卫线位置的安排，无论是菱形站位，还是前面三名前卫的平行站位，拖后前卫正面或两侧都会出现较大的空当，不利于中场的攻防衔接。在实战中，应该通过两边后卫的压上内收、两边前卫的交替上下、拖后前卫合理而灵活的选位等加以弥补。

②两名拖后前卫和两名突前前卫的设置。

对两名拖后前卫（双后腰）而言，防守是其主要职责，但在防守中要有更加细致的分工。拖后前卫防守的重点在于对中卫与边后卫结合部空隙进行堵塞，将两名中卫结合部之间的通道严密封锁，对进入罚球区前沿的对方前锋或突前前卫进行交替盯防，形成后防线前沿的防守屏障，并对同侧边后卫与中卫身后的空当及时加以弥补。当从防守转入进攻时，需要对中后场的进攻进行积极发动与组织，对前面的进攻同伴进行接应与支援，并和边后卫轮换交替插上进攻。

（2）前锋队员的职责

在"四四二"阵形中的两名前锋队员的位置可以较为灵活地安排，如一前一后、一左一右或一中一边。前锋主要活动的区域在对方中卫和边后卫之间。在进攻时，在同伴的支援下，通过两人之间的一拉一插、一传一切和前后、左右交叉换位与传球配合，从中路将防线突破，创造射门的机会。在两侧边路的进攻中，应移向同侧有球区域，与其他同伴随时组成有球区域的局部进攻，全力突破对方边路防线。同时，还应根据场上情况有意识地主动回撤或拉边接应，制造中路或边路空当，为突前前卫队员或边前卫、边后卫等队员创造插上进攻的机会。由守转攻的瞬间，则要利用对方中卫两侧的空当，及时快速插入进行反击。一旦出现失球，应就地阻抢对方控球队员或延缓对方进攻速度，有效协助中场的防守。

（3）后卫队员的职责

边后卫与中卫的职责和打法通常采用的是混合防守体系，即区域与盯人相结合。双中卫主要将对手中锋作为盯防对象，边后卫和前卫共同看守中锋拉边与回撤，此时中后卫不做大范围的区域位移。边后卫可以根据需要适时插上助攻，或者来到中场边路位置参与组织进攻，这是现代足球比赛边后卫主要进攻的一种打法。

3."四二三一"阵形

"四二三一"阵形实际上是由传统的"四五一"阵形分化而来的。边后卫与中卫的职责和打法通常是混合防守体系（区域与盯人相结合）。双中卫主要对对方的两名中锋进行防守。边后卫和前卫看守共同看守中锋拉边与回撤，边路由两名边后卫固守。这种阵形已经成为如今国际足坛的主流阵形。在这一阵形中，各位置队员的主要职责如下：

（1）前卫队员的职责

两名边前卫主要的活动区域在两侧边路。在防守时，需要从中场迅速撤到边后卫位置，以"四五一"阵形对对方的边路进攻进行防守；从防守转入进攻时，积极压上中场方向，使中场优势和主动权能够得到保证，并对边路进攻进行发动，发挥边锋的作用。作为进攻潜在的突击手，突前前卫队员主要负责发动和组织中前场进攻。与同侧的前卫和前锋共同组成有球区域的基本进攻，尤其是从后面突然插上突破中路防线，创造有利的射门机会。两名后腰队员作为防守屏障，在进攻端一名后腰队员稍突前，参与进攻的组织工作。

（2）前锋队员的职责

一名前锋位置的排列形式及其主要职责和打法主要是在中路对方门前30米区域的前后反复拉插、左右扯动，制造中路的传球空当，在有球区域可以随时有插上队员，保持两人的紧密联系，得球可以进行快速的各种二过一配合，或者运球过人强行突破，及时把握射门的战机。在边路通过和同伴的配合与运球过人突破对方的防线，吸引对方防守重心的偏移，为同伴中路插上射门创造有利的机会。

（3）后卫队员的职责

后卫的职责和打法与"四四二"阵形基本一样，但要求边后卫技术更加全面。此外，由于边后卫运动员需要不断上下奔跑，所以高水平的身体素质也是十分必要的。

（六）足球战术意识及培养

1. 足球战术意识概述

（1）足球战术意识的概念

足球战术意识指的是足球运动员在战术活动中的心理，是对战术选择和使用的一种思维，体现在具体的行动中。丰富的经验使足球运动员能通过结合实际情况和战术意图合理地组织和实施战术。足球战术意识体现了足球运动员的思维与战术设定的相符程度。

通过足球战术意识，我们可以看到足球运动员的战术思维。为了培养良好的足球战术意识，足球运动员需要进行大量的训练和比赛。在比赛中，良好的足球战术意识具有定向、抉择、反馈和支配等关键作用，有助于足球运动员稳定地发挥自己的战术能力。因此，良好的足球战术意识是足球运动员成功的关键因素之一。

（2）足球战术意识的影响因素

①战术思维。

A. 专项运动感知觉。

在形容优秀运动员时，"良好的视野"这一评价词汇经常出现。做出这样评价的观众与教练员认为，较强的视觉能力是优秀运动员之所以优秀的一个重要原因与表现。然而，研究者通过对比研究优秀运动员与普通运动员后发现，优秀运动员在赛场上的良好表现与其视觉能力并没有很密切的关系。可见对于运动员而言，视觉能力并不是影响其能力高低的关键。但需要肯定的是，优秀运动员的感知与认知能力要高于普通运动员，这就使得优秀运动员处理信息的效率要优于普通运动员。

在足球运动中，运动员和球始终处于运动状态，运动员要建立正确的行动定向，就需要对空间、方位和距离进行准确的判断，良好的深度知觉是进行准确判断的前提。对客体间的深度距离及其变化情况进行估计是深度知觉的作用，如果一名足球前卫想要给30米以外的前锋队员传球，那么他必须先准确判断己方的前锋和对其进行防守的对方后卫队员之间的位置关系如何，然后在此基础上才能判断要不要传球。这时就需要该前卫拥有良好的深度知觉。感觉系统对运动员有着重要的影响，知觉系统同样如此。足球运动员的专项运动知觉主要体现在以下几方面：

首先，足球运动员需要有良好的时间知觉。这主要是由足球比赛的特点决定的。在足球比赛中，主要是通过评判单位时间内的得分情况来判定胜负的，因此对足球运动员的时间知觉提出了较高的要求。

其次，足球运动员需要有良好的空间知觉。在足球运动中，运动员能否顺利带球、完成防守等，在一定程度上受其空间知觉能力的影响。如果空间知觉较差，则一些关键的技术动作将难以顺利完成。

最后，足球运动员须要具备一定的专门化知觉。专门化知觉属于一种精细的综合知觉，是在长期的运动实践中形成的。如果足球运动员的专门化知觉良好，那么其能够敏锐地察觉与识别自身运动和周围的环境线索。

B. 专项运动注意。

刘丹等研究者指出："运动员的心理活动对对方技战术状态的指向和集中的程度，并合理运用不同程度所产生出来的活动规律的能力就是所谓的专项运动注意。"[1] 运动员进入足球比赛状态的第一个运动环节就是注意。在足球运动中，运动员的注意力会在很大程度上影响其运用进攻、防守、反击技战术的效果。

从生理方面而言，如果运动员分散注意力，则其动作反应能力也会相应减弱；但如果过度集中注意力，就会使人处于呆滞状态；如果在某一部位上集中注意力，那么其他部位就容易被忽视。足球运动员的注意力不仅包括注意的广度，还包括注意的深度。此外，注意的转移与分配也是注意力的重要内容。广度与深度、分配与转移都是运动员需要具备的专项注意能力。前者会影响运动员的视野的开阔性；后者会影响其技战术配合的协调性。

C. 专项运动决策。

优秀运动员要想进行良好的预判，就需要拥有获取预先视觉信号的能力，并且能够对相关比赛模式有一定的认知。在突发事件即将来临前，优秀运动员所做的事先预期比普通运动员所做的要更加准确，因为优秀运动员能够对"情景"信息进行更加有效的处理。优秀运动员做出准确的"情景预测"后，能够利用一定的时间来对相关信息进行搜集，对自己的预期进行有力的证实。例如，对方前锋想要从己方右边后卫身后跑一个斜线接应，己方的优秀中后卫就会察觉并意识到对方的这一意图。因此，当对方左后卫试图往这一区域传球时，己方中后卫就会通过观察对手传球前的身体姿势（预先视觉信号）及进攻队员的跑位与移动（模式认知）来获取有效信息。不同的足球运动员和球队都可以利用"情景预测"来达到得分的目的，而且，在很多比赛情境中，这一手段都是普遍适用的。"情景预测"可以是普遍适用的，也可以是专属的，即特定的足球运动员和球队才适合采用这一手段。一般而言，优秀运动员采用"情景预测"的准确性和有效性更高，因此他们往往能够做出正确的决策。

---

[1] 刘丹, 赵刚. 青少年足球训练纲要与教法指导[M]. 北京：人民体育出版社，2011.

②战术决策与行为。

运动员在对对方的意图进行预判后，需要采取一定的策略来进行有效的应对，这时就需要其对合理的战术对策进行选择。很多因素都会影响运动员对合理战术对策的选择，如运动员的体能与技术水平、对方的体能与技能、剩余比赛时间、比赛的场地条件。虽然很多研究人员通过研究证实了优秀运动员采取的战术决策与行为比普通运动员更加恰当，然而，关于优秀运动员在做出恰当战术决策和行为的过程中的基础机制却很少有研究人员能够进行说明。直到麦克弗森和弗伦奇在研究这一领域的过程中引入知识量表和口语分析技术。

A.陈述性与程序性知识。

麦克弗森和弗伦奇通过反复研究后发现，竞争激烈的赛季课程中的具体指导能够丰富参赛者的陈述性和程序性知识，而运动与竞赛过程中的决断能力会影响参赛者具体运动能力的提高。此外，他们通过研究还发现，对参赛者的指导具体到训练的各个环节时，能够更加有效地提升参赛者的运动能力。然而，不管对参赛者的指导指向的是比赛战术方面还是运动技能方面，都会在一定程度上提高参赛者的认知能力。对参赛者进行指导时，尽管对运动技能和决策能力这两个方面更加重视，而且也能够有效提升这两项能力，然而在对提升基础技能进行突出强调的训练中，参赛者依旧能够在指导不明确的情况下对战术和战略知识进行学习。

B.技战术行为经验和当前场景应对经验。

优秀运动员对比赛的应对离不开其长期记忆适应能力的形成。记忆适应包括两个方面，即技战术行为经验和当前场景应对经验。行动计划记录是普遍的运动专项原则，主要用来激发运动员做决策的能力。运动员在特定的情景下需要做出相应的反应，如有队友把对方运动员挤在身后，在前点占据了有利位置时，就需要控球运动员将球传到前点。在当前事件记录中，能够对反应过程进行指导的战术脚本和情景原型也被包括在内。记忆中储存了曾经、现在和未来的相关信息。运动员在比赛中就会时刻观察这些信息，在特定的时刻，运动员的大脑就会对这些焦虑进行激活或更新。

当前事件记录能够按照专门的观察、解码和搜索程序来提供最新的相关信息，这一提供信息的程序有机地联系了过去或最近的经验和在当前比赛中出现的事件，这些信息有利于运动员在参考各要素的情况下迅速做出决策。某支球队或具体的运动员都可以是当前事件记录明确针对的对象。

与当前事件记录相反，行动计划记录的存在具有普遍性。总的来说，不管是青少年足球运动员还是运动水平较低的成年足球运动员，二者拥有的能够指导决断的描述问题的能力都比较低。高水平的青少年足球运动员和中等水平的成年足球运动员能够通过对行动计划记录的运用来对自己的决断行为进行指导。高水平成年足球运动员在完成决断的过程中，可以对行动计划记录和当前事件记录同时加以利用，从而对更好的应对策略进行思考。

2. 足球战术意识的培养

（1）进行高强度的对抗性训练

一般的足球训练通常只进行单一的、无人逼抢的技术练习和传接配合等战术练习，这种缺乏一定强度的练习不符合实际比赛的需要，无法取得最佳的效果，不利于运动员参加正式比赛。

为此，在足球运动员的日常训练过程中，必须加入一些高强度的对抗性练习，并且要高度重视对抗下的技战术调整能力的训练及与比赛形势相适应的战术意识的训练。在实践训练中，运动员要注意对假动作的合理运用，注意与队友之间的有效配合，多通过眼神来沟通，准确把握动作节奏的变化，使得在比赛中能够对平时训练的内容进行合理的应用。训练中也要注意多进行对抗练习，通过友谊赛和分队比赛的形式，提高运动员对比赛的适应能力。采用友谊赛和分队比赛这两种比赛形式进行训练时，运动员的思想压力较小，期望值不高，能以放松的心态对待比赛，这不仅有利于技战术水平的发挥和创造性思维的迸发，还有利于思想意识的提高。

（2）组织运动员观看足球比赛录像

在足球日常训练中，教练要将运动员组织起来，观看足球比赛录像，特别是观看国际优秀足球队的高水平比赛。在运动员观看比赛录像时，教练应适当进行科学的理论教学，并总结出具有实际意义的理论知识和技战术方法，使队员从画面中领会战术意识的真正意义，并且引导运动员发掘适合自身特点的战术思想。此外，教练还可以将本队的比赛视频录下来，然后组织运动员观看，使运动员能够在观看中提高分析问题的能力，这对形成和提高运动员战术意识非常有利。

（3）加强心理素质训练，提高战术意识

如今的足球比赛越来越激烈，有些比赛的胜负只有在最后一刻才能见分晓。在参赛双方实力水平相当的足球比赛中，双方通过单纯的技战术对抗很难决出胜负，这时就需要双方斗智斗勇，激烈的竞技赛就成了心理战。在教练精心布置好战术后，运动员需要认真执行。而在具体的比赛中，运动员能否有效运用布置好的战术，一定程度上取决于双方的心理素质，尤其是在队伍处于相对落后的情况下，如果运动员的心理素质良好，就不会轻易放弃，反而会将潜能激发出来。

在足球比赛中，有些运动员的技战术水平很高，但因其心理素质较差而无法发挥出自己的实际水平，难以为比赛的胜利做出贡献，而一些运动员虽然技战术能力一般，但是其心理素质过硬，这就有可能超水平发挥，创造射门得分的机会。因此，在对足球运动员的战术意识进行培养的过程中，必须将运动员的心理素质训练重视起来，使其在身体与心理上同时处于最佳状态。

（4）鼓励运动员发挥创造性

每名足球运动员都有属于自己的特点和优势。运动员在比赛中发挥创造性能够将自己的特点优势表现出来。因此，在对足球运动员的战术意识进行培养的过程中，教练要给予运动员积极的鼓励，使其在赛场上能够即兴发挥，善于判断、分析、归纳，并对突出问题的解决方案进行探索，使其多思考、多动脑，提高在比赛中的灵活性。

在足球运动员的技战术训练过程中，教练要鼓励运动员积极发挥创造性，而不是一味地只追求固有的技战术打法，可以根据具体实际选择和创造出有效的战术配合。对于违反战术要求的运动员，教练不要急于批评，应有耐心地听取其想法，再因势利导，最终目的就是让其对战术的基本原则加以理解。对于运动员在比赛中出现的各种精彩的战术配合，教练要予以表扬，逐步培养运动员创新战术的意识和能力。

第二节 青少年足球运动员技术训练

一、颠球技术训练

（一）脚背正面颠球

1. 使地面上的足球滚动到脚面上

（1）训练方法

双脚站定后，将球置于脚尖前方 30 厘米左右的位置，以单脚为支撑；另一只脚踩在球上，随后向后用力，使球向后滚。当球开始滚动时，立刻收回脚，并待脚尖触地时对准球滚来的方向。当球滚动至脚背上方时，需以柔和的动作用脚趾环绕，将球夹于脚背与小腿之间。

（2）指导要求

①先观看教练或其他人脚背夹球的完整动作示范，然后进行练习。

②确保单腿能够支撑身体，使拉球腿能够自由活动。

③拉球力度需适中，不可过猛或过轻。

④当球滚动至接近小腿下部时，需用脚趾轻轻翘起夹住球。

⑤在练习过程中，需注重双脚协调，交替进行左脚和右脚练习。

（3）评价目标

左、右脚能否顺利夹起足球，并观察拉球、夹球动作的协调性。

2. 双脚脚背正面交替连续颠球

（1）训练方法

用一只脚将球向后方拉动，脚尖放在合适的位置让球滚上脚背正面后挑起球，使球上升。当球将要下落到脚背正面时，运用小腿的力量，微翘脚尖，用脚背正面以适当的力量击打球体中下部，使球向上弹起。接着，换成另一只脚进行脚背正面颠球动作。左、右脚交替进行上述动作。

（2）指导要求

①需对球的落点进行准确预测，确保颠球脚的位置正确。

②颠球腿要屈膝,并在触球瞬间以适当的力量伸展膝关节发力。

③颠球脚与球接触时,脚与小腿的角度应接近90°,而脚底与地面的角度应当为15°左右。

④保持身体放松,确保颠球动作的协调性,并保持耐心。

⑤初学者可以颠球累积次数设定练习目标,熟练后可以连续颠球的时间设定练习目标,甚至可以进行颠球比赛。

（3）评价目标

左、右脚背正面连续颠球8~10分钟。

（二）脚内侧颠球

1. 单脚内侧连续颠球

（1）训练方法

以合适的力度挑起球,弯曲膝盖并外展腿部,同时踝关节向内翻,将小腿轻轻上摆,使用脚内侧中部对球的中下部进行连续轻击,以使球持续向上弹跳。

（2）指导要求

①踝关节向内翻时,应尽可能将脚内侧放平。

②在开始训练之前,先进行大腿内侧肌肉群的伸展运动。

③确保球弹起的高度在髋关节之下。

④熟练掌握单脚连续颠球后,可换用另一只脚进行练习。

（3）评价目标

熟练使用左、右脚完成连续颠球动作,并且身体协调。

2. 双脚内侧交替连续颠球

（1）训练方法

动作方法与单脚内侧连续颠球大致相同,有所不同的是,要用左、右脚内侧交替连续颠球。

（2）指导要求

①颠球时身体应放松,颠球动作要协调,根据球的落点随时调整身体位置。

②要规定累积颠球次数或一次连续颠球的时间（视颠球熟练程度而定）。

③进行个人与个人或小组与小组之间的颠球比赛。

（3）评价目标

颠球动作协调，身体放松，连续颠球 4~5 分钟。

（三）脚外侧颠球

1. 单脚外侧连续颠球

（1）训练方法

将球挑起后，颠球腿屈膝，大腿内旋，踝关节外翻，向上轻摆小腿，用脚外侧中部触击球的中下部，使球连续向上弹起。

（2）指导要求

①颠球练习前应伸展大腿内外侧肌肉群和韧带。

②颠球脚踝关节外翻，与地面平行。

③颠球力量要适当，球弹起的高度不要超过腰部。

④应注意左、右脚都要进行颠球练习。

（3）评价目标

能用左、右脚连续颠球 50 次以上。

2. 双脚外侧交替连续颠球

（1）训练方法

动作方法与单脚外侧连续颠球大致相同，有所不同的是，当一只脚将球颠起后，应马上调整身体位置，用另一只脚颠球，左、右脚交替完成颠球动作。

（2）指导要求

①初练者在颠球时可将球颠得高些。

②颠球时，身体应保持平衡和放松，尽快调整身体位置。

③开始练习时，练习者可用身体其他部位调整球的位置，随着熟练程度的提高，应逐渐减少调整次数。

（3）评价目标

身体动作协调，能连续交替颠球 100 次以上。

（四）脚内、外侧颠球

1. 单脚内、外侧连续颠球

（1）训练方法

单腿支撑身体，颠球时，练习者交替运用脚内、外侧连续颠球，使球不落地。

（2）指导要求

①开始练习时，练习者可用自己习惯的一只脚颠球，等到基本熟练后，再用另一只脚颠球。

②颠球时，身体应保持平衡放松，颠球动作要协调。

（3）评价目标

单脚内、外侧连续颠球100次以上。

2. 双脚内、外侧交替连续颠球

（1）训练方法

颠球时，练习者用一只脚内、外侧连续颠球后，迅速调整身体位置，再用另一只脚内、外侧连续颠球，左右脚内、外侧交替连续颠球。

（2）指导要求

①练习者的身体应更加放松，颠球动作应更加协调。

②由于双脚内、外侧交替连续颠球的难度较大，因此要求练习者有耐心。

（3）评价目标

能用双脚内、外侧连续交替颠球50组以上（单脚内、外侧各颠1次球为1组）。

（五）大腿颠球

1. 单侧大腿连续颠球

（1）训练方法

用脚将球挑起至胸部的高度，以髋关节为轴向上摆动大腿，摆动腿膝关节弯曲，小腿放松自然下垂，用大腿前中部触击球的中下部使球弹起。当一次颠球结束时，大腿下落前脚掌刚刚着地，马上蹬地向上摆腿进行下一次颠球。

（2）指导要求

①不要认为用力后仰身体才能抬起大腿。

②球颠起的高度不要超过胸部。

③当一侧大腿基本能连续颠球时，应进行另一侧大腿的颠球练习。

④颠球时，身体要放松，动作要协调，能随球调整身体位置。

（3）评价目标

单侧大腿能连续颠球 50 次以上。

2. 两侧大腿交替连续颠球

（1）训练方法

在单侧大腿连续颠球的动作基础上，进行左、右大腿交替连续颠球。

（2）指导要求

此训练项目的指导要求与单侧大腿连续颠球大致相同。

（3）评价目标

两侧大腿交替连续颠球 100 次以上。

（六）头颠球

1. 连续抛头颠球

（1）训练方法

练习者用手向上方抛球，球离头部高度约 50 厘米。眼睛看球，当球下落时，头部稍后仰，对准球的正下方，用前额中部触击球的中下部，使球弹起，球下落时用手接住，再抛起进行下一次练习。

（2）指导要求

①前额触球时，颈部应固定，不要摆头或转动颈部。

②身体应保持平衡和放松，注意调整身体位置。

③初学者头颠球的时间不要过长。

④在颠球时，练习者不要闭眼睛。

（3）评价目标

每次抛头颠球，都能使球向前正上方弹起。

2. 连续头颠球

（1）训练方法

在连续抛头颠球的动作基础上，用手将球向上方抛起。当球下落时，头部稍后仰，使前额正中部对准路线，此时膝关节微屈；当球接触前额的瞬间，膝关节向上伸展蹬直，以增加球的反弹力，连续向上颠球。

（2）指导要求

①头部后仰时，应尽量摆平前额，固定颈部。

②两臂自然张开，帮助身体保持平衡。

③用膝关节蹬伸的力量发力。

④脚步要灵活，随时准备调整身体的位置。

（3）评价目标

能连续头颠球 100 次以上。

（七）多部位交替连续颠球

1. 8 个部位交替连续颠球

（1）训练方法

当脚及腿的一个部位可以顺利地连续颠球时，练习者就可以尝试进行 8 个部位交替连续颠球练习。8 个部位分别是左右脚的脚背正面、脚内侧、脚外侧及左右腿的大腿。在练习过程中，练习者可以结合球的高度和位置，灵活地交换颠球的部位，保持球的连续颠动，达到不落地的目标。

（2）指导要求

①颠球时，维持身体平衡至关重要，练习者需适时调整身体姿态。

②避免仅使用一个部位进行颠球，要多元化地运用各个部位。

③初学时，不必拘泥于颠球的顺序；熟练后，可按照规定的顺序进行，即从脚背开始，以大腿结束为一组，或反之。

④在训练过程中，耐心是必不可少的要素。

⑤为了增加训练的竞争性和趣味性，可以组织个人间或小组间的颠球比赛。

（3）评价目标

能够按顺序使用上述部位交替进行连续颠球，达到 8~10 组的水平。

2. 12个部位交替连续颠球

（1）训练方法

挑起球后，交替使用脚背正面、脚内侧、脚外侧、大腿、头部、双肩和胸部进行连续颠球，保证球不落地。

（2）指导要求

①当尝试12个部位交替连续颠球前，要先熟练掌握8个部位交替连续颠球。

②开始练习12个部位交替连续颠球时，可允许调整颠球的顺序（一个部位也可多次颠球），只要球不落地即可。

③双肩颠球时，身体应保持正直。在球下落接触肩部的瞬间，用适当力量快速耸肩，触球的中下部。

④胸部颠球时，身体应后仰，使胸部展平，胸部触球瞬间，膝关节蹬地伸直，挺胸触击球的中下部，使球向上弹起。

⑤颠球时，身体应保持平衡和放松，随时准备调整身体位置。

⑥熟练12个部位交替连续颠球后，可以从下向上或从上向下的顺序按部位交替连续颠球。

⑦可进行个人或小组之间的颠球比赛，以提高练习的对抗性。

（3）评价目标

按顺序运用身体的12个部位交替连续颠球5组以上。

（八）走动中颠球

1. 向前走动颠球

（1）训练方法

练习者每人一球，站在球门线上，听到信号后，运用脚背正面、脚内侧、脚外侧和大腿等部位颠球，并向前走动颠球至中线。

（2）指导要求

①两人之间要保持一定的距离，防止练习时相互干扰。

②练习向前走动颠球时，要控制好球的高度和距离。

③练习时，身体要保持平衡和放松，动作要协调。

④可运用足球场地中的各条线来限制向前走动颠球的距离。

⑤练习时，可限制颠球的部位，如规定只允许用脚背正面颠球向前走。
⑥可进行组与组之间的颠球接力赛。

（3）评价目标

能够颠球向前走动200米以上。

2. 后退走动颠球

（1）训练方法

动作方法与向前走动颠球大致相同。

（2）指导要求

①练习时，身体要保持平衡和放松，动作要协调。
②可以与向前走动颠球穿插结合起来进行练习。

（3）评价目标

能够颠球向后走动50米以上。

3. 折线走动颠球

（1）训练方法

将队员分成两组（或多组），持球站在球门线上。在练习时，依次颠球折线走动绕过障碍物，相邻障碍物之间的距离为5~8米。

（2）指导要求

①每组障碍物设置的数量和组数可根据练习的人数、运动量和强度而定。
②强调单腿支撑及身体放松的程度，灵活调整身体位置。
③强调交换颠球的脚型来控制球的方向。
④变换练习形式，如采用三角形、圆形及曲线等形式的颠球路线。

（3）评价目标

能流畅地完成折线走动颠球，并且球不落地。

4. 培养练习者在颠球活动中的应变能力

（1）训练方法

每人一球站在罚球区与球门线交界处。练习时，首先按照罚球区线向前走动颠球，当颠球至罚球弧时，转身绕罚球弧进行后退走动颠球，颠球至罚球弧另一侧时，再次转为向前走动颠球，沿罚球区逐步进入球门区，再按照球门线颠球至起点。

（2）指导要求

①对初学者不要采用这种练习方法。

②在练习路线上可设计直线走动颠球、后退走动颠球、折线走动颠球等形式。

③练习时，身体应保持平衡和放松，灵活调整身体位置。

④练习者应保持注意力集中，练习过程中最好不要掉球。

（3）评价目标

能够流畅地完成每组颠球练习。

（九）跑动中颠球

1. 向前跑动颠球

（1）训练方法

练习者持球站在球门线上。练习时，向前跑动颠球至中线，只要球不落地即可，然后从中线跑动颠球返回球门线。

（2）指导要求

①练习中，规定的颠球部位应根据练习者的具体情况而定。

②练习时，身体应保持平衡和放松，灵活调整身体位置。

③在练习时，练习者应尽最大的努力使球不落地，并认真地对待每次颠球。

④以比赛的形式可提高练习的对抗性，培养练习者的责任心和集体主义精神。

（3）评价目标

身体动作灵活，能较好地控制球的高度和距离，并且每组跑动颠球很少落地。

2. 折线跑动颠球

（1）训练方法

练习者每人一球，分成3组站在球门线上，每组间隔15～20米。练习时，练习者在规定的界线之内折线跑动颠球至中线。

（2）指导要求

①身体应保持放松，跑动颠球与颠球动作要协调一致，应控制好球的高度和距离。

②练习中，规定的颠球部位应根据练习者的具体情况而定。

③练习者应保持注意力集中，跑动中脚步要灵活。

④以比赛的形式可提高练习的对抗性。

（3）评价目标

能够在折线跑动颠球的过程中很好地控制球的方向、高度和距离，每组球很少落地。

（十）两人组合颠球

1. 两人原地颠传球

（1）训练方法

练习者两人一组相距2米左右，面对面站立。练习时，一人将球挑起颠传给同伴，两人交替相互颠传球，不使球落地。

（2）指导要求

①练习者应控制好颠传的力量和球的高度，颠传的目的要明确，即传到脚、大腿、头等部位。

②对较高水平的练习者，要求将球颠传到身体两侧、身后或使传出的球旋转等，这样可提高练习的难度。

③练习者应保持注意力集中，脚步灵活，身体动作协调，随时准备调整身体位置。

④可规定颠传的次数或颠传的时间，还可以比赛的形式进行练习，以提高练习的对抗性。

（3）评价目标

①在不加难度的情况下，两人原地颠传球5分钟以上。

②在加难度的情况下，两人原地颠传球2分钟以上。

2. 两人移动中颠球

（1）训练方法

练习者两人一组相距2米左右，面对面站在球门线附近。在练习时，一人后退，另一人前进颠传球。

（2）指导要求

①根据球的高度选择接球的身体部位，调整后颠传给同伴。

②准确判断球的状态，及时调整身体位置。

③控制好球的力量、高度和落点。

④采取比赛的形式，以提高练习的对抗性。

（3）评价目标

较好地控制球的高度和落点，每次练习很少使球落地。

（十一）多人组合颠传球

1. 多人原地颠传球

（1）训练方法

练习者每4~5人一组，相邻的人间隔2~3米，围成方形或圆形。将球挑起后，每人颠3~5次便传出，不使球落地。

（2）指导要求

①开始练习时，练习者可随意传球，只要球不落地即可。

②随着练习者水平的提高，可提出要求加以限制，如按顺时针颠传、对角线颠传等。

③练习者既要注意来球，又要注意自己与同伴的位置。

④练习者应随时调整身体位置，脚步要灵活，身体动作要协调。

（3）评价目标

能控制球，颠传球力量和高度适宜，多人原地颠传球能够使球保持长时间不落地。

2. 多人颠传球比赛

（1）训练方法

借鉴排球比赛方法，在5米×15米的球场上进行多人颠传球比赛，练习者2~4人为一组。比赛时，要求每名练习者必须颠球2次以上才能将球传出，每名练习者都颠到球后才能将球传入对方区域。球落入对方区域为己方得分，球出界为对方得分。

（2）指导要求

①开球时，练习者可以在己方半场网前将球发入对方区域。

②练习者在比赛时要相互呼应，注意力要高度集中。

③比赛也可以安排在羽毛球或网球场地上进行，只是练习者的人数应适当减少。

④可根据练习者的熟练程度,来规定颠球次数和难度。

(3) 评价目标

比赛时,练习者能够使足球保持较长时间不落地。

二、运控球技术训练

运控球是指为将球控制在脚下对球所采取的所有动作的统称,主要是通过运用脚的不同部位,如脚背正面、脚内侧等,对球进行踩、拉、拨动和推动等动作。

(一)踩拉球

1. 前脚掌踩球画圈

(1) 训练方法

单腿支撑,并且膝部微屈。双臂自然舒展,协助维持身形稳定。另一只脚的前脚掌轻踩球体上部,脚跟微微上提,以内外或外内的轨迹,踩画圈。切记,踝关节需保持适度紧张。

(2) 指导要求

①练习者要认真观看完整的动作示范,明确动作结构。

②踩球画圈的动作应先以小幅度、慢速度开始,逐渐加大动作幅度并加快速度。

③交替使用双脚进行练习。

(3) 评价目标

动作协调,身体自然放松。

2. 脚掌、脚背内外侧左右连续滑动球

(1) 训练方法

单腿支撑,将球置于此脚的前侧方,另一只脚以合适的力度踩在球的上部,横向滑动用力,令球滚动。在此过程中,脚掌及脚的内外侧依次与球接触,同时踝关节保持适度紧张,以合理地控制脚型,确保对球的精准掌控。

(2) 指导要求

①练习者要认真观看完整的动作示范,明确动作结构。

②强调单腿支撑身体，保持身体平衡，这样髋关节、膝关节和踝关节才能协调配合。

③动作熟练后，要求练习者不要只看球，要学会用余光看球。

④要求练习者用双脚进行练习。

（3）评价目标

能够用余光看球，并且左、右脚都能连续滑动球。

3. 脚掌、脚背内外侧活动中连续滑动球

（1）训练方法

练习时，练习者左脚向左横跨一步，将身体重心放在左腿上。在左脚落地的同时，用右脚掌踩在球的上部并由球内侧向外侧滑动，脚掌、脚背外侧、脚背正面、脚内侧依次触球，脚始终不离球。最后，脚内侧触球时，将球向左横侧轻拨，并用左脚掌踩停球，然后左脚进行练习。

（2）指导要求

①练习者要认真观看完整的动作示范，明确动作结构。

②踝关节随球的滚动绕环转动，脚的部位始终与球相接触。

③练习者应用双脚进行练习。

④练习者应培养单腿支撑和保持身体平衡的能力。

（3）评价目标

较强的单腿支撑和保持身体平衡的能力，双脚都能较熟练地控球。

（二）提拉踩停球

1. 向内提拉踩停球

（1）训练方法

练习者需站稳身形，将右脚置于球的右侧前方。左脚内侧与球的后侧相触，做向前上方的提拉动作。在此过程中，脚需始终与球保持接触，当提拉至球的上部时，以脚掌将球稳稳踩停。此时，球已靠近右脚内侧。接着，左脚向前跨步放到球的左前方，再以右脚内侧进行提拉踩停动作。如此左右交替，重复练习。

（2）指导要求

①在进行提拉动作时，练习者应确保身体重心能顺畅地移动至支撑腿上。

②在进行提拉动作时，练习者的脚要始终触球，不可离球。
③按照熟练程度，增加提拉的速度。
④练习者应培养单腿支撑和保持身体平衡的能力。

（3）评价目标

练习者要具有较强的单腿支撑和保持身体平衡的能力，要能进行迅速的支撑转换，以及能够有效控球。

2. 向外提拉踩停球

（1）训练方法

练习者原地站立，左腿支撑，膝盖微屈，右脚的脚背外侧前部与球接触，并提拉球。随后，通过髋关节轻微内旋，带动膝关节向内旋，同时脚尖朝内收向斜下方指，以脚背外侧触球后下部，向外侧提拉踩停球。接着，右脚向右跨出，同时左脚跨过球，重复之前右脚的动作。双脚重复直至熟练。

（2）指导要求

①练习者要认真观看完整的动作示范，明确动作结构。
②提拉球时，练习者的脚不要离开球。
③提拉球速度可根据练习者的熟练程度逐渐加快。
④练习者应培养单腿支撑身体的能力。

（3）评价目标

左、右脚连贯、流畅地完成提拉踩停球，并能稳固支撑身体。

3. 原地前脚掌踩球

（1）训练方法

练习者原地站立，球置于两脚前。右脚支撑身体，左脚抬起，脚掌轻踩球的后上部，触球后，回收落地支撑身体，变右脚做前脚掌踩球，用跳步完成交换踩球动作。

（2）指导要求

①练习者要认真观看完整的动作示范，明确动作结构。
②练习过程中，练习者的身体要保持放松，双脚交换踩球动作要协调。
③双脚踩球交换的频率可根据练习者的熟练程度逐渐加快。

（3）评价目标

踩球动作连贯协调，并能稳固支撑身体。

4.原地左右跳步前脚掌踩球

（1）训练方法

练习者原地站立，球置于右脚外侧。左脚支撑身体，右脚抬起，前脚掌轻踩球的上部，右脚触球后向球右侧跨一小步落地支撑身体，同时左脚抬起轻踩球。双脚左、右横向跳动，重复交替完成动作练习。

（2）指导要求

①练习者要认真观看完整的动作示范，明确动作结构。
②强调用单腿支撑身体，踏球腿前脚掌轻踩在球上。

（3）评价目标

踩球动作和身体动作协调并能稳固支撑身体。

（三）原地拨拉球

1.脚背正面拨球，前脚掌拉回

（1）训练方法

练习者站稳，将球放在拨球脚的前方，然后以另一只脚支撑身体并保持平衡。拨球腿髋关节与膝关节微屈，大腿不动，以膝关节为轴心，摆动小腿，使用脚背正面轻轻拨动球的后中部，使其向前滚。同时，小腿顺势向前跟上，用前脚掌及时回拉球。当球滚至支撑脚内侧附近时，按照同样的方法重复拨拉动作。

（2）指导要求

①练习者应认真观看完整的动作示范，明确动作结构。
②在拨球时，注意脚尖向下指向地面，脚跟提起。拉球时，脚尖上翘，脚跟略低于脚尖。
③初次练习时，可缩短拨出球的距离，待熟练后再逐渐加长距离，要注重动作的协调性和流畅性。
④务必使用左、右脚进行练习，以达到动作的熟练连贯。

（3）评价目标

左、右脚熟练、连贯地拨拉球。

2. 脚内侧横向拨球拉回

（1）训练方法

站稳，将球放在拨球脚的内侧，并与另一只脚脚尖前线平行。在练习过程中，拨球腿髋关节与膝关节微屈，以膝关节为轴心，横向摆动小腿，用脚内侧轻触球的外侧中部，将其拨动至横向滚动。同时，小腿需顺势快速横摆，用前脚掌迅速将球拉回。当球回到拨球脚内侧时，重复上述动作。

（2）指导要求

①练习者应认真观看完整的动作示范，明确动作结构。
②球的整体越过支撑脚外侧时，即应将球拉回。
③练习者应身体放松，单腿要稳固支撑身体。
④务必使用左、右脚进行练习。

（3）评价目标

能连续拨拉球，身体放松，拨拉球动作协调。

3. 脚背外侧横向拨球拉回

（1）训练方法

练习者原地站立，将球置于拨球脚外侧。练习时，远离球的一侧腿屈膝支撑身体，拨球腿屈髋、屈膝、大腿带动小腿，拨球脚尖稍下指，脚跟提起，用脚背外侧拨球的内侧中部使球横向滚动。球被拨出的同时，大腿以髋关节为轴顺势外展，小腿摆起，然后用前脚掌将球拉回。当球拉回到开始姿势时，拨球脚外侧用上述方法重复做拨拉球动作。

（2）指导要求

①练习者应认真观看完整的动作示范，明确动作结构。
②练习者应身体放松，单腿要稳固支撑身体。
③随着球性的熟练，拨拉动作可逐渐加快。
④务必使用左、右脚交替进行练习。

（3）评价目标

身体放松、动作协调，左、右脚都能连续拨拉球。

4.脚内侧、脚背外侧拨球拉回

（1）训练方法

将向内侧拨球拉回与向外侧拨球拉回动作连接为一个完整的动作进行练习。

（2）指导要求

①要求练习者在单腿稳固支撑身体的同时，还能随球调整身体位置，使练习动作连贯。

②练习时，身体应放松，手臂自然张开，帮助平衡身体。

③务必使用左、右脚交替进行练习。

（3）评价目标

身体放松、动作协调，拨拉球的动作连贯、流畅。

（四）行进间推拉球

1.前脚掌连续推球前进

（1）训练方法

练习者单腿站立支撑，把球放在离支撑脚前15～20厘米的位置，另一只脚的前脚掌轻踩在球的后上部。进行练习时，小腿应轻摆向前，脚尖向上翘起，脚跟向下用力，用前脚掌轻轻推球的后上部，然后自然下落并顺势支撑身体，再以之前的支撑脚为推球脚重复动作。左、右脚需交替练习，向前跑动。

（2）指导要求

①练习者应认真观看完整的动作示范，明确动作结构。

②推球腿向前摆动时，关节放松，前脚掌以合适的力量触球并向前推。

③在跑动时，手臂摆动应自然、放松。

④随着练习时间增加，在对球性更加熟悉后，可适当提高推球的频率。

⑤教练应当结合实际情况来决定推球移动的距离。

（3）评价目标

自然跑动，身体放松，推球动作协调而且连贯。

2.双脚交替拉球后退跑

（1）训练方法

练习者单腿站立支撑，把球放在离支撑脚前15～20厘米的位置，另一只脚的前脚掌轻踩在球的后上部，向身体一侧拉球，同时小步后退跑动，边退边拉球，左右脚交替进行此动作。

（2）指导要求

①练习者应认真观看完整的动作示范，明确动作结构。

②在跑动时，身体放松，双臂自然摆动，身体重心放到非拉球腿上。

③控制后退的步幅，以免后退的步幅过大而影响后续动作。

④拉球腿的膝关节需放松，控制触球力度，回拉力量应与后退跑动速度相吻合。

（3）评价目标

全身动作放松、协调，左、右脚拉球动作流畅，每次都能触到球。

3. 交叉步跑动侧拉球

（1）训练方法

练习者侧对前进方向站立，球位于支撑脚（左脚）内侧前部，右腿抬起，右脚轻踩在球的上部。练习时，身体向左侧倾斜，右脚向左侧拉球后，自然落地支撑身体，左、右脚成交叉状态，同时左腿迅速拉回向左侧方迈出并支撑身体，身体同时转身，左腿抬起，左脚前脚掌触球上部，重复完成拉球动作。

（2）指导要求

①练习者应认真观看完整的动作示范，明确动作结构。

②要注意交叉跑动时，身体放松，保证每次都能拉到球。

③务必使用左、右脚进行练习。

④可利用球场的线、区进行规定距离练习。

（3）评价目标

身体放松，跑动灵活，左右脚侧拉球连贯流畅。

（五）拉拨球

1. 原地双脚内侧横向交替拨球

（1）训练方法

练习者在站稳后以单腿支撑平衡，将球放到另一只脚内侧，此脚微微向上翘起脚尖，内转踝关节，以脚内侧横向拨球，同时变换身体重心，球滚至支撑脚内侧时，支撑脚变拨球脚重复动作。

（2）指导要求

①练习者应认真观看完整的动作示范，明确动作结构。

②拨球时，踝关节保持紧张，控制脚型。

③以轻跳步拨球，逐渐增加动作幅度和拨球速度。

④熟悉球性后，眼睛应抬起头看向前方。

（3）评价目标

眼睛不看球，连续拨球100次以上，而且拨球频率较快。

2. 行进间脚内侧横向拨球

（1）训练方法

5~6名运动员为一组，围成半径为10米的圆圈，教练站在圆心位置，运动员双脚内侧交替横向拨球绕圈行进。

（2）指导要求

①身体放松，手臂自然摆动。

②眼睛看向前方，以余光看球。

③球要以"之"字形路线沿左、右方向滚动。

④教练可以合理利用场地区域设计路线，保证练习距离。

（3）评价目标

身体放松，动作协调，能用余光看球，拨球动作连贯流畅。

3. 跑动中向后拉球，接脚内侧横拨球

（1）训练方法

一边跑动一边向前运球，当球位于支撑脚前侧大约30厘米的位置时，另一只脚轻轻踩住球的后上部并向后拉球，然后快速收腿；当球滚至支撑脚尖内侧平行线附近时，身体向支撑脚一侧倾斜，以拉球脚内侧轻拨球的后中部，使球向拉球脚一侧横滚，支撑脚同侧前跨支撑身体保持平衡。左、右脚交替重复上述动作。

（2）指导要求

①练习者应认真观看完整的动作示范，明确拉拨球的动作结构与动作节奏。

②练习者应身体放松，动作自然连贯。

③要求拉拨球动作协调，衔接连贯，节奏明显。

④开始可单脚练习，熟练后左、右脚连续交替进行练习。

（3）评价目标

左、右脚连续拉拨球，动作连贯流畅。

4.原地向后拉球，接脚外侧横拨球

（1）训练方法

练习者原地站立，左脚支撑身体，球置于右脚尖前约30厘米处，右脚前脚掌轻踩球的后上部。练习时，右脚向后拉球，拉球后马上收腿，当球滚动至接近支撑脚内侧平行线时，右脚脚背外侧轻拨球的内侧中部，使球向右侧横向滚动，右脚落地支撑身体，左脚前脚掌踩球的后上部，然后向后拉外拨球。左、右脚交替拉拨进行练习。

（2）指导要求

①练习者应认真观看完整的动作示范，明确拉拨球的动作结构与动作节奏。

②练习者应身体放松，动作自然连贯。

③要求拉拨球动作协调，衔接连贯，节奏明显。

④开始可单脚练习，熟练后左右脚连续交替进行练习。

（3）评价目标

左、右连续拉拨球，动作连贯，身体重心能快速随球移动。

5.行进间拉拨球

（1）训练方法

练习时，练习者在向前运球慢跑中，用脚背正面向前轻拨球，然后用拨球脚的前脚掌将球拉回，连续重复拉拨动作。

（2）指导要求

①练习者应认真观看完整的动作示范，明确动作结构。

②跑动中身体放松，两臂自然摆动，身体重心始终跟上球的移动。

③完成拨球和拉球时，单腿要稳固支撑身体。

④务必使用左、右脚轮流进行练习。

⑤随着球性的熟练，可进行组与组之间的比赛，提高练习的对抗性。

（3）评价目标

跑动中，左、右脚熟练地拉拨球。

6. 跑动中拉球向侧前方拨球

（1）训练方法

练习时，练习者在向前运球跑动中，向后拉球，再向运球脚的斜前方拨球，然后变换另一只脚拉球并向拉球脚斜前方拨球。左、右脚连续交替完成动作。

（2）指导要求

①练习者应认真观看完整的动作示范，明确动作结构。

②拉、拨球动作要连贯流畅。

③跑动和完成动作时，身体要放松。

④开始练习时，跑动与完成动作可慢些，熟练后可逐渐加快练习的速度。

（3）评价目标

左右脚拉、拨球动作连贯，身体动作放松，并且跟球速度要快。

7. 拉球至身体后部，接脚内侧向内拨球变向

（1）训练方法

练习者运球时，左脚支撑身体，支撑腿稍屈髋、屈膝；右脚前脚掌轻踩球的后上部，向后拉球，当球滚动超过支撑脚脚跟时，控球脚快速向左侧摆动，用脚内侧部位轻拨球的外侧中部，使球向左侧滚动，右脚自然落在左侧、右脚脚尖与左脚脚跟平行的位置上，支撑身体；左脚提起，脚尖指向左侧自然落地，身体转体90°面向左侧。

（2）指导要求

①练习者应认真观看完整的动作示范，明确动作结构。

②拉、拨球的连接不要太快，否则球容易触及支撑脚脚跟。

③向内拨球的同时，应伴随身体的转动。

④务必使用左、右脚轮流进行练习。

（3）评价目标

左、右脚拉及拨球动作连贯流畅，而且与转身动作协调配合。

8. 拉球接脚背外侧拨球转体 90°

（1）训练方法

练习者向前运球，左脚支撑身体，球置于支撑脚内侧前约 20 厘米处，右脚前脚掌轻踩球后上部向后拉球并置于支撑脚内侧平行线上时，用右脚脚背外侧轻拨球的内侧中部，使球向右侧横向滚动，同时身体转向右侧；右脚在拨球后自然落地，脚尖向右侧，同时支撑身体。

（2）指导要求

①练习者应认真观看完整的动作示范，明确动作结构。

②拉球外拨的同时，身体随之向拨球方向转动。

③单腿支撑平衡身体。

④务必使用左、右脚轮流进行练习。

（3）评价目标

左、右脚拉、拨动作衔接连贯，身体能够快速转动，跟球速度较快。

9. 右脚向后拉球，接左脚脚背外侧拨球转体 90°

（1）训练方法

练习者向前运球，左脚支撑身体，球置于支撑脚内侧前约 20 厘米处，右脚前脚掌轻踩在球的后上部向后拉球，在球向后滚动的同时，迅速收右腿，右脚自然落地，位于球滚动路线的外侧约 30 厘米处，支撑身体。此时，左腿提起向右腿靠拢，左脚脚尖内扣，当球滚至左脚脚背外侧时，用脚背外侧拨球的内侧中部，使球向左侧滚动。

（2）指导要求

①练习者应认真观看完整的动作示范，明确动作结构。

②迅速变换支撑腿，动作要协调，并且稳固支撑身体。

③拨球变向时，身体重心下降，两臂自然张开，协助平衡身体。

④务必使用左、右脚轮流进行练习。

⑤身体重心变换迅速，拉、拨球动作连贯协调，节奏感明显。

（3）评价目标

身体动作协调，拉球转身拨球动作连贯。

10. 向后拉球，接脚背外侧拨球转体 180°

（1）训练方法

练习者原地站立，右脚支撑身体，球置于右脚脚尖前约 30 厘米处，左脚前脚掌轻踩球的后上部。练习时，左脚向后拉球，同时左腿屈髋、屈膝，身体重心下降，重心落在左脚跟，左脚蹬地，身体以脚跟为轴，向右转动 180°。当球滚动超过左脚跟时，右脚尖内扣下指，脚跟提起用脚背外侧拨球的前中部，同时右脚落地，脚尖正对球滚动的方向，并支撑身体。

（2）指导要求

①练习者应认真观看完整的动作示范，明确动作结构。
②拉、拨球动作衔接连贯，拉球力量要适当。
③身体动作协调，肩部、腰部动作放松。
④开始练习时，可只做拉、拨转体动作，熟练后可用左、右脚交替连续进行练习。
⑤注意拉、拨球的动作节奏，拨球后身体迅速跟上球。

（3）评价目标

左、右脚拉、拨球动作迅速，衔接合理，身体动作协调，转体灵活，能迅速跟上球。

11. 向后拉球，接脚内侧拨球转体 180°

（1）训练方法

练习者向前运球，右脚支撑身体，球置于右脚内侧前 20 厘米处，左脚前脚掌轻踩球的后上部向后拉球，同时右腿屈膝，身体重心下降并落在右脚跟上；右脚蹬地，身体向左侧移动。当球滚动时，迅速收左腿，随身体转动左脚落地脚尖指向球滚动的方向，并支撑身体。当球滚至右脚内侧时，用右脚内侧拨球的前中部，使球继续滚动。

（2）指导要求

①练习者应认真观看完整的动作示范，明确动作结构。
②身体转动动作要自然放松，强调腰部在转体动作中的灵活性。
③务必使用左、右脚进行拉、拨球向内转体练习。

（3）评价目标

左、右脚拉、拨球动作协调，身体转动灵活迅速。

（六）推拨球

1. 脚内侧推拨球

（1）训练方法

在场上设置 6～8 个标志物，3～4 人一组持球距标志物 3～4 米站立。练习时，练习者用脚内侧绕标志物推拨球。

（2）指导要求

①练习者应认真观看完整的动作示范，明确动作结构。

②练习者应身体放松，身体稍向标志物一侧倾斜，并稳固支撑身体。

③支撑脚始终在球的外侧后方。

④随着单脚推拨球熟练程度的提高，可左、右脚连续推拨球，或者绕标志物做圆圈式推拨运球。

⑤注意身体倾斜的护球动作。

（3）评价目标

左、右脚内侧连贯流畅地推拨球，身体有护球动作。

2. 脚背外侧推拨球

（1）训练方法

练习者用脚背外侧连续拨球，脚触球时踝关节适当紧张，触球的外侧部位有轻拨动作，使球向外侧斜前方运行。支撑脚始终位于球的外侧后部。

（2）指导要求

①练习者应认真观看完整的动作示范。

②练习者应身体放松，身体稍向标志物一侧倾斜，并稳固支撑身体。

③脚背内侧推拨球的练习形式与脚背外侧推拨球的练习形式可以互用，可以采用"8"字形绕环练习。

（3）评价目标

左、右脚在慢跑中能稳固支撑身体，动作协调，拨球动作连贯流畅。

3. 直线推拨球，接脚内、外侧曲线拨球

（1）训练方法

5~6名队员一组，组前摆设5~6个标志物，标志物间隔4~5米。练习时，练习者慢跑直线运球接近标志物时，快速用内或外侧拨球绕过标志物，再直线运球至下一个标志物，换脚拨球绕过标志物至越过最后一个标志物。

（2）指导要求

①练习者应认真观看完整的动作示范，明确动作结构。

②拨球越过标志物时，身体重心应稍下降。

③练习过程中，身体应放松，使练习者养成放松的习惯。

④标志物之间的距离可以练习者确定，原则是球性越熟悉距离越近。

⑤务必使用脚内侧和外侧交替进行练习。

⑥可以用比赛的形式进行练习，以提高练习的对抗性。

（3）评价目标

练习者在运球过程中能抬头并且用余光看球，左、右脚连续拨球流畅，动作协调。

4. 脚内侧、脚背外侧折线运球

（1）训练方法

练习者3~4人为一组，持球站在起点处，每组间隔5~6米。练习时，练习者用脚内侧推拨球的后侧部位使球向斜前方滚动，然后再用另一只脚重复上一个动作，使球向另一侧斜前方滚动至对面终点处，或者按相同的形式进行脚背外侧运球。

（2）指导要求

①练习者应认真观看完整的动作示范，明确动作结构。

②支撑脚站在球的外侧后方，身体向球的滚动方向倾斜，要求拨球同时身体重心迅速跟上球。

③身体动作应协调，腰部放松。

④运球时抬头，锻炼用余光看球的能力。

（3）评价目标

左右脚内侧、脚背外侧折线变向运球动作连贯协调，能抬头观察，身体动作协调放松。

5.脚背内侧连续拨球曲线运球

（1）训练方法

6名队员分成一组，每人一个球，围绕教练站成一个圈，距教练10米左右。练习时，练习者在听到教练的哨音后，围绕教练进行脚背内侧运球；当再次听到教练的哨音，身体重心迅速下降，并围绕自身做一次脚背内侧的圆圈运球，然后继续运球。

（2）指导要求

①练习者应认真观看完整的动作示范，明确动作结构。

②注意连续拨球动作的节奏，必须连贯且不脱节。

③身体动作要自然放松，保持身体平衡。当听到哨音时，身体重心要迅速下降并跟上球。

④练习时，应抬头观察，培养用余光看球的能力。

（3）评价目标

左、右脚背外侧连续拨球动作连贯、节奏明显、动作协调，能抬头观察。

6.脚背外侧连续拨球曲线运球

（1）训练方法

此项练习方法与脚背内侧连续拨球曲线运球基本一致，有所不同的是，练习时用脚背外侧触球，并且当听到教练哨音后迅速做踩球或脚背外侧扣球动作，然后继续运球。

（2）指导要求

①练习者应认真观看完整的动作示范，明确动作结构。

②踩球或扣球时，身体的重心应下降并向扣球方向倾斜。

（3）评价目标

此项目评价目标与脚背内侧连续拨球曲线运球项目一致。

7. 右（左）脚推左（右）脚拨球变向

（1）训练方法

练习时，练习者运球慢跑。拨球变向时，支撑脚（左脚）向球的右侧后方跨出脚底外侧着地，支撑身体，身体此时向左侧倾斜。控球脚（右脚）用脚内侧推球的右侧后部，使球向左侧斜前方滚动，同时右脚脚底内侧迅速着地支撑身体，身体继续向左侧倾斜。左脚迅速蹬地收回，用脚背外侧拨球的右侧后部，使球继续向左侧斜前方滚动，左脚顺势落地支撑身体的同时，右脚蹬地抬起，向球的左侧后方跨出并落在球的左侧后位置，身体向右侧倾斜。左、右脚以同样的动作重复完成动作，只是方向是向右。两脚交替完成推球动作，运球路线呈"之"字形。

（2）指导要求

①练习者应认真观看完整的动作示范，明确动作结构。
②练习时，身体放松，腰部转动灵活。
③变向时，支撑脚脚尖应转向运球方向；一推一拨动作必须紧密连接。
④练习者应抬头观察，培养用余光看球的能力。

（3）评价目标

推拨球动作连贯流畅、动作协调、节奏明显，左右变向运球灵活自如。

三、传球技术训练

传球的方法有脚内侧、脚背内侧、脚背外侧、脚背正面、脚尖、脚跟等。

（一）传球技术形成性练习方法

1. 脚内侧踢球

（1）训练方法

练习者采用直线助跑，最后一步稍大些，然后单腿站定支撑身体，此脚需在球侧方 12～15 厘米的位置，并且脚尖对准出球方向，膝盖微屈。在支撑脚触地的同时，踢球腿屈膝外展，以大腿发力带动小腿，从后向前摆动。此时，两脚相互垂直，踢球脚脚尖向上微微翘起，脚底平行于地面，踝关节保持紧张，脚型固定。当膝关节逼近球的正上方时，加快小腿的前摆速度。以脚的内侧击打球的后中部，并且向前推出髋关节，身体前移。

（2）指导要求

①练习者应认真观看完整的动作示范，明确动作结构。

②重视单腿支撑的重要性，只有做好这一动作，才能完成整个动作。

③击球时，请勿后仰身体，同时避免踢球腿过度前摆。

④教练应当说明这种踢法适用于短距离传球配合。

（3）评价目标

左、右脚传出的球准确、平稳，并且是地滚球。

2. 脚背正面踢球

（1）训练方法

练习者采用直线助跑，最后一步稍大些，支撑脚滚动式积极着地支撑身体，并踏在球的侧面10~12厘米处，脚尖正对出球方向，膝关节微屈，踢球腿在支撑的同时向后摆起，小腿后屈、折叠。然后，踢球腿以髋关节为轴，大腿带动小腿由后向前摆动。当膝关节摆动接近球的正上方时，积极伸展膝关节，小腿爆发式前摆，绷直脚背，以脚背正面部位击球的后中部，身体随之前移。

（2）指导要求

①练习者应认真观看完整的动作示范，明确动作结构。

②强调踢球脚的脚型固定和腿的摆动，严禁身体转动。

③练习者应认真体会膝关节展开的时机。

④练习者应明确这种踢法多用于短传和中距离传球。

（3）评价目标

左、右脚都能将球平直踢出，球的高度不超过腰部。

3. 脚背内侧踢球

（1）训练方法

练习者采用斜线助跑，助跑方向与出球方向约为45°角，最后一步稍大些，支撑脚脚尖指向出球方向，并踏在球的内侧后方20~25厘米处，膝关节微屈；在支撑脚落地的同时，踢球腿以大腿带动小腿由后向前摆动。当大腿摆至与支撑腿接近同一平行线上时，小腿做爆发式摆动，踢球脚脚尖外转，脚背绷直，以脚背内侧部位击球的后下部，则传出空中球，如果击球的后中部则传出低平球或地滚球。

（2）指导要求

①练习者应认真观看完整的动作示范，明确动作结构。

②支撑腿一定要稳固支撑身体，身体应自然放松，手臂自然摆动。

③练习者在踢球时一定要固定脚型。

（3）评价目标

左、右脚长传球准确，踢球动作协调。

4.脚背内侧转身踢球

（1）训练方法

助跑结束前倒数第二步应向球的侧前方跨出（即与出球方向相反，在支撑脚一侧的侧前方）。最后一步略跳动并伴随脚底外侧积极着地，脚尖对准出球方向，膝关节微屈，身体向支撑脚一侧倾斜，其他动作要领与脚背内侧踢球项目一致。

（2）指导要求

①练习者应认真观看完整的动作示范，明确动作结构。

②开始练习时，助跑要慢，否则难以完成转体支撑动作。

③身体动作放松，手臂自然放松摆动，帮助身体保持平衡。

（3）评价目标

左、右脚转身踢球动作协调，传球准确。

5.脚背外侧踢球

（1）训练方法

练习者采用直线助跑，最后一步稍大些，然后单腿站定支撑身体，此脚需在球侧方10～12厘米处。在此腿站定前，另一条腿已经后摆，并在支撑腿落地时以大腿发力，带动小腿前摆。此小腿在膝关节到球正上方位置时，快速发力加速前摆，并且脚尖向内转，整个脚内翻，脚背保持紧张、绷直，脚跟上提，脚趾用力屈起，以脚背外侧击球的后中部。如果要踢出弧线球，则需要击球的后内侧部位。

（2）指导要求

①练习者应认真观看完整的动作示范明确动作结构。

②踢球时，踝关节保持紧张，使脚型固定。

③身体保持放松，手臂自然摆动。

④踢弧线球时，支撑脚需在球内侧后方 15～18 厘米处。

（3）评价目标

左、右脚背外侧既能传出低平球，又能踢出弧线球。

6. 两人前后移动短距离传球

（1）训练方法

练习者每两人一组，一人持球，另一人在对方 3～5 米处，两人面对彼此站立。然后，持球练习者向前跑动传球，另一人后退跑动传球。不限制传球脚法。两人前后移动短距离传球。

（2）指导要求

①传球力度适当，要将球准确传到同伴脚下。

②击球点应准确，不要将球传离地面。

③及时调整身体的位置，身体移动要灵活。

④务必使用左、右脚轮流进行传球练习。

⑤随着传球准确性的提高，传球速度可适当加快。

（3）评价目标

两人用左、右脚准确传球，连续传 3～4 分钟。

7. 脚背内侧长传球

（1）训练方法

练习者每两人一组分成多组练习。练习时，两人相距 25 米左右，面对面站立。一人采用脚背内侧传球方法将球传到同伴脚下。

（2）指导要求

①练习者在踢"墙"练习中，要在正确的传球动作基本形成后，再采用这种方法练习。

②练习者之间可设置标志物来提示传球的方向。传球准确性基本稳定时，可撤除标志物。

③单腿应平稳支撑，身体在传球时要尽可能放松。

④练习者务必使用左、右脚进行传球练习。

（3）评价目标

左、右脚都能传出长距离空中球，并且落点准确。

8. 定位球长传踢准

（1）训练方法

练习者持球站在距足球练习墙 25～28 米处，练习时运用脚背内侧踢球方法踢球，尽可能将球踢入指定的区域内。

（2）指导要求

①练习者之间应互相提示球是否进入区域或偏离区域多远。

②传球时，身体应放松，手臂自然摆动。

③用比赛的形式进行练习，可以提高练习的质量。

④务必使用左、右脚进行练习。

（3）评价目标

练习者左、右脚传球，每次都能将球传入区域内。

9. 脚背内、外侧传弧线球

（1）训练方法

练习者分成两组，持球站在两端角球弧或更接近球门的球门线远端。练习时，练习者向球门进行弧线球射门，守门员将球传回，每人踢若干次再换到另一侧进行练习。

（2）指导要求

①练习者踢球时一定要固定脚型，加快小腿的摆动速度。

②务必使用左、右脚进行传球练习。

③练习者应认真观看完整的动作示范，明确踢弧线球的作用原理。

（3）评价目标

左脚或右脚能够传出旋转力强，而且能形成较大弧线的球。

（二）传球组合练习方法

1. 多人组合跑动直接短传球

（1）训练方法

练习者分成人数相同的两组，站成一排，两组人中间留出传球空间，然后面对面站立，排头一练习者持球。练习者需灵活运用脚内侧、脚背内、外侧等传球技巧，将球传给另一组排头的练习者，并在传球后，慢跑或后退跑回到队伍的尾部。

（2）指导要求

①脚步灵活，随时移动身体并准确对准来球。

②传球时，练习者需掌握力度，稳定脚型，精准控制传球方向。

③严禁高球传出，传球距离控制在6~8米。

④练习熟练后，可设定连续传球的时间（如不间断地连续传球1分钟），并规定完成的传球组数（如以1分钟为一组，练习10组）。

⑤交替使用左、右脚进行练习，以提升传球的均衡性和熟练度。

（3）评价目标

练习者左、右脚连续短传3~4分钟。

2. 三角跑动变向直接连续传球

（1）训练方法

练习者分成人数相同的3组，呈三角形排列，每组之间保持6~8米的距离。运用脚内侧、脚背正面及脚背内、外侧等不同的传球技巧进行练习。在传球时，练习者需灵活反应，确保球能准确传至指定方向，并迅速跑到该方向队伍的末尾。

（2）指导要求

①随时调整支撑脚站位，并稳固支撑身体。

②控制传球力量和传球的方向，不许将球踢高，控制好脚型。

③要求顺时针传球和逆时针传球结合起来练习。

④务必使用左、右脚轮流进行传球练习。

⑤练习者的水平达到一定程度时，可以适当加快传球速度。

（3）评价目标

队员左、右脚连续三角传球 3 分钟以上。

3. 两人跑动中连续短传球

（1）训练方法

两名练习者一组，分成若干组。在每组中，两名练习者并排站立持球，间隔 6～8 米。练习时，练习者采用脚内侧，脚背内、外侧等传球方法向对方练习者体前斜传球，传球后向前跑动，连续互相多次传球，可以采用直线传球斜前跑动或斜前方传球直线跑动两种形式。

（2）指导要求

①不要限制传球的脚法，只要球不离开地面，传得准确即可。

②练习者要控制住传球的力量与传球角度。

③务必使用左、右脚进行传球练习。开始时，传球的速度可慢些，随着传球水平的提高可适当加快。

④支撑脚应灵活站位，身体放松。

（3）评价目标

跑动中，左、右脚传球准确、力量适中，身体动作灵活协调。

4. 三人跑动中连续向前短传球

（1）训练方法

每三名练习者一组站在一条直线上，间隔 16～18 米，边路一名练习者持球。练习开始时，持球练习者将球向前斜方传给中间练习者，中间练习者接球后转身传给另一侧的练习者，然后接另一侧练习者的回传球，中间练习者再将球传给另一侧练习者，以此类推。三名练习者轮流交换位置进行练习。

（2）指导要求

①跑动传球时，单脚灵活支撑身体，动作协调，不许将球传高。

②跑动传球时，不许转动身体，小腿快速摆动。

③中间传球的练习者要迎上接球并有摆脱动作。

④传球时要控制好力量和角度。

⑤务必使用左、右脚轮流进行传球练习。

（3）评价目标

练习者在跑动中迎球，传球准确、平稳，并且是地滚球。

5. 两人前后移动短距离传球

（1）训练方法

两人一组，一人持球，相距3～5米面对面站立。练习时，一人向前跑动传球，另一人后退跑动传球。使用的传球脚法不限，只要直接传球准确即可。

（2）指导要求

①练习者在跑动传球时，能控制传球方向，强化正确的脚型。

②练习者前后跑动的速度不要太快。

③可利用场地的标线作为练习限制线，如把球门线和中线作为起始点和终点。

④两人在练习时，要交替变换跑动方向，注意用左、右脚轮流进行传球练习。

（3）评价目标

练习者在前、后跑动中，左、右脚能准确地将球传出，传球练习连贯。

6. 活动中长传球

（1）训练方法

每三名练习者为一组，其中两人站在一侧球门前（活动球门，球门内集中多球），另一人站在另一侧球门前。在练习时，有球一侧的练习者横向拨球长传，将球传过另一侧的练习者头顶踢入球门。当球全部踢完后，变换位置，三名练习者轮流进行练习。

（2）指导要求

①教练应明确此练习为强化性练习和区别对待练习时采用。

②练习者应注意固定脚型，用脚背内侧将球传起来踢入球门。

③练习时，练习者之间的距离可近些（应在22～25米），随着传球技术水平的提高，距离应适当加大。

④务必使用左、右脚交替进行练习。

（3）评价目标

练习者左、右脚长传准确、稳定。

7. 斜线长传球

（1）训练方法

每六人为一组，分成两个小组，分别站在四个活动球门前，球门相距 8～10 米。两名队员所在的球门集中多球。练习时，有球一侧的两名练习者横向拨球后向对角线方向的球门斜线传球。当球全部踢完后，交换练习位置，三人轮流交替进行斜长传练习。

（2）指导要求

①要求传出平高弧线球，传球的目标设定为远、近侧球门立柱。
②务必使用左、右脚轮流进行传球练习。

（3）评价目标

左、右脚均能传出平高弧线球，并且落点准确。

8. 直接运球跑动接转身传球

（1）训练方法

每三人为一组，呈三角形站立，相距 15 米。练习时，练习者 A 控球并向右横向运球，然后转身将球传给左侧的练习者 C，练习者 C 向右横向运球再转身将球传给练习者 B，依次轮换传球，如图 5-2-1 所示。

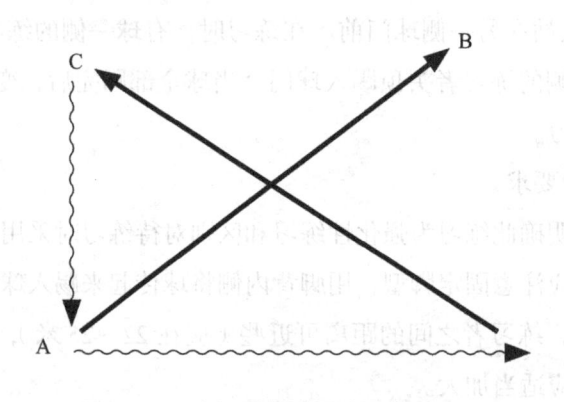

图 5-2-1　直接运球跑动接转身传球

（2）指导要求

①开始练习时，运球跑动的速度可慢些，随着球性熟悉程度的提高，速度可适当加快。

②转身传球时，应注意支撑脚要稳固支撑身体，身体要放松，运、传动作衔接要连贯协调。

③适时变换运球方向，用左、右脚交换进行运、传球练习。

（3）评价目标

练习者左、右脚运球动作连贯协调，传球准确到位。

四、接球技术训练

接球是指运动员将比赛中运行的球，用除了手臂以外的身体其他任何合理部位接控在合理范围内的动作。

（一）接球形成性练习方法

1. 脚内侧接控球

（1）训练方法

两个练习者为一组，两人之间距离8～10米，面对面站立。接球练习者需以支撑脚尖对准来球的方向，抬起的接球腿要提膝，使大腿外展，脚尖微微上翘，脚底与地面保持平行，以脚内侧对准来球，并离开地面。当球到平行于支撑脚的位置时，接球练习者需精准地以接球脚内侧向下切削球的后中部，接控球。

（2）指导要求

①练习者应当结合来球的方向，及时适当地调整身体，保持放松，确保单腿稳固支撑身体平衡。

②在接球时，练习者要控制抬脚高度，掌握向下切削的时机，动作需要流畅、协调，避免用力下踩或挡球。

③务必使用左、右脚轮流进行接球练习，以提高技能。

（3）评价目标

练习者左、右脚能将球接控在便于完成下一动作的位置上。

2. 脚内侧接反弹球

（1）训练方法

两个练习者为一组，两人之间距离8米，面对面站立。一人用手将球抛出，另一人需判断球的落点迅速调整自己的站位，使支撑脚位于球落点略微外侧的位

149

置，同时微微弯曲膝关节并稍稍向上提起，身体需微微倾斜向接球后球的运动方向；接球腿的小腿应保持放松状态，踝关节保持适度紧张，形成直角形状，脚尖微微上翘。在球落地将要弹起时，接球腿大腿向内侧轻轻摆动，接着用脚内侧轻柔地推拨球的外侧上部，身体跟随球的运动方向移动。最后，接球脚触球后支撑身体。

（2）指导要求

①练习者应观察球的高度、运行路线和落点，迅速调整身体位置。

②身体向一侧倾斜时，练习者要稳固支撑保持平衡，接球动作要柔和。一旦完成接球，身体应迅速倾斜，换腿支撑身体。

③刚练习时，练习者可以自抛自接，身体不要过分倾斜。

④务必使用左、右脚轮流进行练习。

⑤随着练习水平的提高，练习者可结合假动作完成接球动作，变抛球为长传球。

（3）评价目标

左、右脚能将球接在准备做下一个动作的位置上。

3. 脚内侧接空中球

（1）训练方法

两名练习者为一组，相距10～12米，面对面站立。练习时，一人抛球，另一人接空中球。接球练习者根据来球速度和高度，迅速调整身体的位置，单腿支撑身体，接球腿抬起，屈膝外展，脚内侧对准来球并前迎，在触球的瞬间后撤，将球接在准备下一动作的位置上。如果来球较高，则练习者可单腿向上轻跳做接球动作，以增加脚内侧的高度。

对于弧度较大的来球，可屈膝端平小腿，使脚外侧与地面平行。当脚内侧触球的瞬间，小腿向下撤并放松，将球接至准备做下一动作的位置。

（2）指导要求

①练习者应迅速调整身体位置，身体放松。

②接球脚的动作做得要充分且放松；观察并准确判断来球的状态和速度，脚接触球后撤的速度要与来球的速度吻合。

③务必使用左、右脚轮流进行练习。

④随着练习者水平提高，应变手抛球为长传空中球。

（3）评价目标

练习者能用左、右脚接空中球，整个动作放松、协调，能较好地将球接在准备做下一个动作的位置上。

4. 脚底接地滚球

（1）训练方法

两名练习者为一组，相距8～10米，面对面站立。练习时，两人相互传接球。接球练习者身体正对来球方向，支撑脚在球的侧后方，脚尖正对来球方向，膝关节微屈，接球腿提起，脚背略屈，脚跟稍离开地面，脚底的前脚掌部分对准来球，在触球的瞬间，放松踝关节并轻轻点球的后上部。

（2）指导要求

①从接球开始到接球结束，练习者应始终用单腿支撑身体。

②接球脚不可抬得过高，不要用力踩球。

③随着练习者接球水平的提高，应结合假动作完成练习。此外，练习者的脚部接球与拉球动作连续完成。

④务必使用左、右脚轮流进行练习。

（3）评价目标

练习者左、右脚都能较好地完成脚底接球，动作协调，快速衔接下一个动作。

5. 脚底接反弹球

（1）训练方法

两名练习者为一组，相距8～10米，面对面站立。一人抛球，另一人接反弹球。练习时，接球练习者根据来球的速度和高度迎球移动，接球动作与脚底接地滚球的动作相同。接球脚在球落地刚要弹离地面的瞬间用前脚掌触球的后上部。

（2）指导要求

①练习者接球前要观察来球的状态，准确判断球的落点，迅速调整身体的位置。

②始终保持单腿支撑并保持身体平衡，身体保持放松。

③务必使用左、右脚轮流进行接球练习。随着练习者水平的提高，其应进行长传球抢点接反弹球。

④结合假踢动作完成接反弹球动作。

（3）评价目标

练习者能左、右脚底接反弹球，能结合假动作逼真、协调地完成动作。

6. 脚背正面接空中球

（1）训练方法

两名练习者为一组，相距10～20米，面对面站立。练习时，一人抛球，另一人接球。接球者要根据来球的高度和速度调整身体位置，单腿支撑身体，将接球脚抬起对准球的落点，脚背正面与地面平行；接球脚放松，当球触及脚背正面的瞬间，大腿下压，随之伸直膝关节顺势下撤。

（2）指导要求

①练习者的眼睛要看球，准确判断落点，移动身体并摆正接球脚的位置。

②练习者接球时，接球腿抬得可稍高一些，以加长缓冲的距离。在开始练习时，可自抛自接，互相抛接，最后接长传球。

③务必使用左、右脚轮流进行练习。此外，还应结合假踢动作完成练习。

（3）评价目标

练习者左、右脚都能接空中球，接球动作协调、幅度小，效果好。

7. 脚背外侧接地滚球

（1）训练方法

两个练习者为一组，两人之间距离10～12米，面对面站立，一人传球，另一人接球。接球练习者如果打算在右侧接球，就要调整身体，使左脚位于球左侧，并支撑身体；右脚向左侧灵活摆动，并轻微内扣，靠近左脚。当球到右脚脚背的外侧位置时，以脚背外侧轻巧地拨动球的内侧中部，令球向右侧横向移动。右脚落地支撑身体的同时，脚尖会稍作调整，向右侧微微转动。

（2）指导要求

①在接球时，练习者的支撑腿倾斜向接球方向，并以脚底内侧用力蹬地以稳固支撑身体。

②身体放松，双臂自然摆动。

③可做假踢动作，但动作要逼真、协调。
④务必使用左、右脚轮流进行练习，熟练后可适当增加传球力度。
（3）评价目标
练习者左、右脚都能将球接控到准备做下一个动作的位置上，接球与身体移动衔接快。

8. 脚背外侧接反弹球
（1）训练方法
两个练习者为一组，相距10～12米，面对面站立，轮流抛接球。接球时的动作与脚背外侧接地滚球一致，只是接球腿要微微屈起膝关节并向上提起一些，另一只脚底内侧用力蹬地，身体倾斜向球的运行方向。接球脚外侧和地面之间形成锐角。球刚落地将要弹起时，以接球脚背外侧轻轻拨动球的内侧上部，然后迅速落地支撑身体。

（2）指导要求
①练习时，练习者要观察和准确判断球的落点，同时迅速调整身体位置。
②支撑脚找准正确支点的同时，接球腿向一侧摆动做假踢动作。
③接球脚着地的同时向接球方向转动，转动的幅度决定球的方向。
④务必使用左、右脚轮流进行练习，练习接长传球。
（3）评价目标
练习者左、右脚都能用脚背外侧接反弹球，动作协调，能较好地控制球的方向。

9. 大腿接球
（1）训练方法
两名练习者为一组，相距10～12米，面对面站立，相互抛接球。练习时，接球练习者眼睛看球，调整身体位置，一只脚支撑身体，接球腿屈膝上提（或前迎并上提）。当球接触大腿的瞬间后撤（或转动后撤），将球接至准备做下一个动作的位置。

（2）指导要求
①练习者要根据球的落点，迅速调整身体位置。
②练习者要用大腿中部接球，不要用大腿前部触球。

③随着练习者水平的提高,在相互长传球时接球,并快速衔接下一个动作。

④务必使用左、右腿进行接球练习。

(3) 评价目标

大腿接球平稳,快速且协调地衔接下一个动作。

10. 胸部接球

(1) 训练方法

两名练习者为一组,相距6~8米,面对面站立,互相抛接球。练习时,接球练习者要根据球的速度和高度,及时移动到面对来球的位置,两脚左、右或前、后开立,两膝微屈,身体重心在支撑面内,上体后仰,两臂自然张开,微收下颌。接球的瞬间,两脚蹬地,膝关节伸直,用胸部轻托球的下部,使球略向上弹起。

若来球速度较快且与胸部持平,可在接球前先挺胸迎球,当球接触胸部的瞬间做收胸动作,将球接停在准备做下一个动作的位置。

(2) 指导要求

①练习者的眼睛要始终观察来球并判断落点。

②接球时,必须展平胸部,张开双臂,学会用胸大肌接球。

③必须做抛接练习,随着水平的提高可做长传胸接球练习,并迅速衔接下一个动作。

(3) 评价目标

练习者能用胸部较平稳地接长传球,并较快地衔接下一个动作。

(二) 接球组合练习方法

1. 跑动中迎球接球

(1) 训练方法

将六人分成两组,并排成一排,两组之间相距12~14米,两组相对,其中一组的排头持球。持球练习者传球给另一组的排头,然后跑回自己队伍的末尾。接球练习者则需要快速启动、奔跑迎接并稳稳接住球,随后将球精准传给另一组位于排头位置的练习者,急停转身跑回自己队伍的末尾。六人需依次重复此过程。

（2）指导要求

①在接球前，练习者需做出有效的摆脱动作，如突然启动跑，以逐渐形成和强化摆脱意识。

②传球时，需精准地传地滚球至接球练习者的脚下。

③练习者在接球跑动时，可以放慢速度。随着熟练度的提高，练习者可适当加快速度。

④在跑动过程中，练习者需保持身体放松，接球动作要协调，触球动作需柔和。

（3）评价目标

练习者能够摆脱接球，并形成习惯动作。左、右脚都可在快速跑动中平稳接球，并将球控制在脚下，衔接传球动作较快。

2. 跑动中接球转身传球

（1）训练方法

每三人为一组进行练习，两人进攻，一人防守。进攻者面对面站立，相距8～10米。防守者则站在无球进攻者的后方2米处。在训练中，无球进攻者要突然改变方向，摆脱防守并接应。此时，持球进攻者要迅速传出一记地滚球。防守者则迅速上前，努力封堵和抢截。在防守者还未封堵成功之前，无球进攻者要在接球后转身，面对防守者，在对方逼近时，斜向传球给插上接应的传球进攻者。传球进攻者接球后，运球至对面的标志物位置，为下一轮练习做好准备。练习者进行多次重复训练，然后互换位置重复练习。

（2）指导要求

①练习者应养成抬头观察和接球前做突然摆脱动作的习惯。

②练习者应准确传球。

③接球转身前重心要低，运用远离防守者的那只脚控球，避免防守者的破坏，而且动作要快速连贯。

④练习者的速度和练习的距离可减慢或缩短。

⑤务必使用左、右脚轮流进行练习。有一定水平的练习者在传球时可适当加大力量。

155

⑥要求练习开始时，防守者的防守是消极的，随着接球练习者技术熟练程度的提高，可以变消极为积极，增加练习的对抗性和实战性。

（3）评价目标

练习者左、右脚接球转身动作衔接连贯，控球熟练。

3. 快速跑动中接球

（1）训练方法

练习时，持球练习者向无球练习者的身体侧前方5米处传球。无球练习者快速摆脱启动跑接球，接球后控制住球后，再传给传球练习者。传球练习者再次将球传向无球练习者的反方向。无球练习者重复上面动作将球传回。防守者始终进行跟随干扰。进行几次练习后，三人互换位置交替练习。

（2）指导要求

①练习者要突然摆脱启动跑，在开始练习时可慢些，随着练习者水平的提高，可逐渐加速跑，注意跑动、接球、传球的节奏。

②传球一定要准确，力量要适当。练习者必须接球后再传球。

③接球要结合假踢动作，注意动作之间的衔接与节奏。

④务必使用左、右脚轮流进行练习。有一定水平的练习者在传球时可适当加大力量。

⑤规定接球的次数，两组练习者轮换练习。传球练习者之间的距离可根据情况自己选定。

⑥在练习开始时，防守者的防守是消极的，随着接球练习者技术熟练程度的提高，可以变消极为积极，增加练习的对抗性和实战性。

（3）评价目标

练习者在快速跑动中能将球接至准备做下一个动作的位置，接球时能结合假动作，动作节奏明显。

4. 跑动中接横传球

（1）训练方法

练习者每三人为一组，以折线形式站立，练习者之间的纵向间隔为10米，横向间隔为5米。练习时，练习者A传球给练习者B，并迎上接练习者B的横传球；练习者A接球后再将球传向练习者C，并迎上接应，在接到练习者C的横传球后，运球至下一个标志物准备下一次练习。下一次练习以同样的形式回到起点，然后三人交换位置重复上面练习，三人交替进行练习，如图 5-2-2 所示。

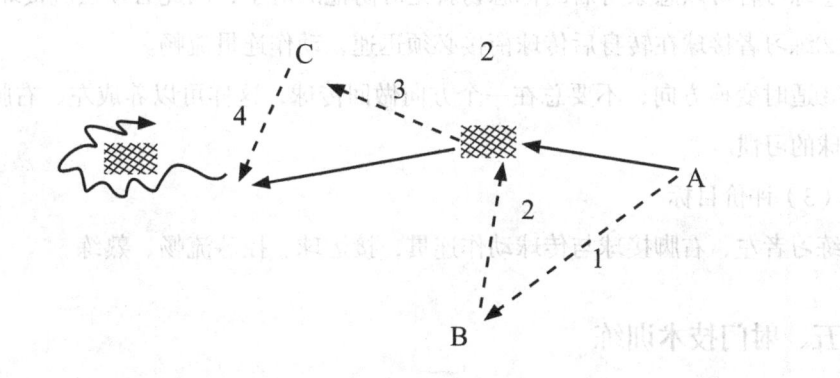

图 5-2-2 跑动中接横传球

（2）指导要求

①练习者在接球跑动前必须有摆脱动作。刚开始练习时，在接球前可减速接球。

②练习者应根据接球练习者的跑动速度，控制传球力量，尽可能做到球到人到。

③务必使用左、右脚进行接球练习，并且做到脚的各部位都能很好地接控球。

④练习时，要适时换方向跑动接球，并要规定接球次数。

（3）评价目标

练习者左、右脚都能在快速跑动中接横传球，接球后的位置便于衔接下一个动作。

5. 接球转身传球

（1）训练方法

两名练习者一组，练习者 A 位于距球门前 20 米处，练习者 B 持球距练习者 A15 米相对而站，设置两个球门和两个守门员。在练习时，练习者 B 传球给突然摆脱标志物迎上接球的练习者 A，练习者 A 在接球后转身绕过标志物给迎上接应的练习者 B 传球，练习者 B 接球后射门。练习者 A 在接球转身后可以短传，让练习者B射近处球门；也可以中距离传球至远端的标志物，让练习者B射远处的球门。

（2）指导要求

①练习者可以想象身后的标志物就是盯防他的对手，因此必须摆脱接球。

②练习者接球在转身后传球衔接必须迅速，动作连贯流畅。

③适时变换方向，不要总在一个方向做回传球，这样可以养成左、右脚进行接传球的习惯。

（3）评价目标

练习者左、右脚接球与传球动作连贯，接运球、控球流畅、熟练。

五、射门技术训练

（一）射静止的球

1. 脚背射门

（1）训练方法

在练习场地内，借助标志杆设置多个小型的球门。守门员站在球门前，其他练习者站在球门前方相距10~12米处。每人一球，练习者将球放在场地上，以脚背的正面、内侧和外侧进行射门动作。

（2）指导要求

①射门时，应确保脚背保持绷直并固定脚型，单腿支撑保持身体平衡，并快速摆动小腿。

②射门时，视线应始终锁定在球上，要注意击球的后中部。同时，身体必须跟随射门动作向前跟进。

③初期练习时，要控制力度。当掌握好动作后，可逐渐增加射门距离和力度，同时注意避免射高球。

④为了增强训练的全面性，左、右脚都要进行练习。

⑤记录每位练习者的进球数，以此激发训练热情。

（3）评价目标

练习者左、右脚射门有力量，能较准确地控制球的方向，很少射偏、射高。

2. 远射

（1）训练方法

练习者将球放在罚球区线以外的线上。练习时，练习者助跑大力射门。可以连续射放在罚球区线几个点外的球。

（2）指导要求

①在远射时，身体不要转动，靠腿的摆动速度发力。

②不许射高，可在球门立柱 1～1.2 米处拉一根绳以限制射门的高度。

③把两个球门立柱的内侧作为攻击的目标。

④务必使用左、右脚进行射门练习。

（3）评价目标

练习者左、右脚射门有力量，并有较高的准确性。

（二）运球射门

1. 直线运球射门

（1）训练方法

划出一个大小与两个罚球区接近的场地，设置两个球门，并各安排一个守门员。在球门两侧，各摆放一个尖顶的塑料筒。在场地中央，画条清晰的射门线。将练习者平均分为两队四组。同一队的两个组站在球门一侧的边线端，相对而立。排头练习者需以地面滚球的方式，将球传递给对面过来的同伴。同伴接球后，需带球至射门线，然后起脚射门。在完成一次练习后，练习者需交换位置和任务，再次进行练习。

（2）指导要求

①练习者应认真观看完整的动作示范，明确射门前支撑脚的站位特点。

②在运球跑动时，身体要保持放松状态，动作要协调一致，运球与射球的动作之间要衔接连贯，注重小腿射门时的摆动速度和起脚射门的突然性。

③守门员要积极进行防守。

④用左、右脚进行运球射门练习，严禁高射。

（3）评价目标

练习者左、右脚直线运球射门，动作协调、连贯，起脚射门突然，小腿摆动速度快，很少射高球。

2. 曲线运球射门

（1）训练方法

在罚球区前以2米的间隔设置5~8个杆，将练习者为三组进行练习，运球越过杆后射门，练习数次后，三组互换位置练习。

（2）指导要求

①运球时，身体应保持放松，步法灵活，注意快速完成过杆与射门的衔接动作。

②练习熟练后，指定射门位置，可以是近角或远角、上角或下角。

③左、右脚交替练习过杆射门。

④杆的间距可灵活调整，不设置成相等距离，只要在1~3米即可。

（3）评价目标

练习者左、右脚运球连贯流畅地越过障碍物，射门准确、有力。

3. 折线运球射门

（1）训练方法

先划一块场地，其大小应相当于两个罚球区，其上设置两个球门，各安排一个守门员。在场地中央划定一条明确的射门线，两侧分别摆放一个尖顶塑料筒作为起点标记。距离这些起点3米远的地方，布置一条由三个间距为1.5米的尖顶塑料筒构成的回旋路径，路径要通往场地中间。将练习者分成人数相等的两组，每名练习者持一个球并站在各自的出发点附近。发出出发信号后，两组的第一个练习者立刻需盘带球，沿着回旋路径进行折线运球，在场地中央相遇时需巧妙错身而过，最后在射门线前起脚射门。

（2）指导要求

①开始练习时，速度可慢些，提示练习者体会运球变向的衔接及支撑脚的位置。

②运球结束时，接射门要连贯，要快速起脚射门。

③务必使用左、右脚进行运球及射门练习。

④随着练习者水平的提高，可增设守门员，并要求练习者射门进球；可以以小组为单位进行射门比赛，以提高练习的对抗性。

（3）评价目标

练习者折线运球连贯流畅，与射门动作衔接快，射门效果好。

（三）接球射门

1. 侧对进攻方向接球射门

（1）训练方法

将练习者划分为两个组，一组负责传球，另一组负责射门。两组面朝球门排成两列，还可各安排一个守门员。传球组的排头练习者运球并传给射门组的排头练习者，然后移动到侧方再进行一次接传球。射门组练习者在第一次接到球后回传，第二次则运球跑动射门，然后两个练习者回到各自小组队伍末尾。由新的排头练习者进行重复练习，重复多次后，两组互换，重复练习。

（2）指导要求

①射门练习者快速起跑迎上接球。

②练习之初，射门组的练习者在接近球时可以适度减慢速度以确保接球的准确性，但接球与射门的动作衔接必须迅速。

③练习者必须以两侧的球门立柱为目标进行射门，不可将球射高。

④务必使用左、右脚进行练习。

（3）评价目标

练习者在向前跑动中能根据球的状态选择合理的接球方法，接球与射门动作衔接紧密，射门效果好。

2. 接反弹球射门

（1）训练方法

两名练习者一组，场地设置两个球门和两个守门员。射门练习者长传球给同伴，同伴用手或身体其他部位接球后回传高球，射门练习者接反弹球射门，然后两人互换练习位置。

（2）指导要求

①抛或踢出的球可以在接球练习者的前面或两侧，要求练习者向前、两侧接反弹球，然后射门。

②要求练习者接球与射门动作衔接要连贯紧密，左、右脚都能接球并射门，适时变换射门。

③身体动作要协调，脚步要灵活。

（3）评价目标

练习者接反弹球效果好，衔接射门动作快，左右脚都能射门。

六、守门技术训练

在赛场上，所有运动员都可以进行防守，但守门员永远是最后一道防线，其任务就是守卫球门，阻止任何球进入球门。此外，守门员还要具有全局眼光，实时关注赛场局势的动态变化，并尽可能扩大自己的防守领域。同时，守门员还需要与后卫协同合作，掌控罚球区，以此有效截获各类来球。值得一提的是，守门员有时会组织队友发起进攻，他能够精准且迅速地将球发至有利位置，从而显著提升己方进攻的威胁性和效率。

（一）准备姿势与移动

1. 准备姿势

（1）训练方法

守门员需左、右脚横向分开站立，与肩同宽，膝关节自然弯曲微微内收，同时将身体重心放于前脚掌之上，使身体稍微前倾。此外，双臂在体前，手肘自然屈起，掌心向下，手指自然张开，目视前方来球。守门员与教练应当面对面站立，根据教练发出的指令，进行准备姿势动作的练习。随着熟练度的提升，教练需要多次变换站位，守门员要据此调整身体方向，进行准备姿势动作的练习。

（2）指导要求

①身体重心在前脚掌上。

②双眼直视前方。

③保持正确的身体姿态。

④注意教练的指令和动作，以便及时做出反应。

（3）评价目标

听到教练口令后，能够正确做出准备姿势动作。

2. 移动步伐

（1）训练方法

守门员与教练相对站立。练习时，教练用手势指挥，守门员向左、右两侧滑步移动；练习熟练后，改为向左、右两侧做交叉步移动练习。两种步伐交替反复练习，以便达到正确掌握移动步伐的目的。

（2）指导要求

①守门员要保持准备姿势。

②守门员的双眼应始终注视教练。

③移动过程中，守门员的后脚应快速跟上。

④做交叉步练习时，守门员左、右脚应配合协调，依次快速移动并有蹬地动作。

⑤动作结束时，迅速调整到准备姿势，保证下一个动作顺利完成。

（3）评价目标

移动迅速、平稳，并随时调整到保证完成下一个动作的准备姿势。

（二）接地面球

1. 直腿式接地滚球

（1）训练方法

守门员自然并立双腿，脚尖对准来球的轨迹，上半身略微前屈，两臂并拢，收紧肘部向前迎接球的到来，双手小指靠拢，掌心对准来球；在触球的瞬间，迅速将球向后引导并屈起手肘和手腕，两臂靠近，将球稳稳地抱于胸前。训练开始时，守门员与教练间隔5米面对面站立。教练手持足球，守门员则做好准备姿势。教练将球沿着地面抛向守门员，守门员则做出直腿式接球动作，接到球后将球抛回，以此循环反复训练。

（2）指导要求

①做好准备姿势。

②准确判断球的滚动路线。

③当球接近时，弯腰与伸臂的动作需协同一致。

④双腿膝关节须伸直，双腿间的距离不得超过球的直径。

⑤接球时，要主动迎向球并触球。

（3）评价目标

练习者能够用正确的直腿式接球方法将球接住。

2. 移动中直腿式接地滚球

（1）练习方法

教练与守门员间隔5米面对面站立。教练运用脚内侧作传地滚球动作，将球传向守门员，守门员则根据来球做出直腿式接球动作。在多次练习至守门员熟练掌握后，教练可减小力度，以守门员前方位置为目标进行轻传球；守门员则根据球的轨迹，向前移动迎球并完成直腿式接球动作。

（2）指导要求

①守门员需保持警觉，做好接球准备姿势。

②教练在传球时要控制好力度。

③守门员要观察并预判教练踢球的动作及球的飞行方向。

④守卫员在接球时需快速迎前，以确保与球的接触。

⑤守卫员在触球后要立即将球安全抱回，确保球被稳稳地护住。

（3）评价目标

练习者能够准确完成移动中直腿式接地面球技术。

3. 单腿跪撑式接地滚球

（1）训练方法

守门员需正面对着来球的轨迹，双腿横向分开站立，一条腿屈起，另一条腿则内旋呈跪姿支撑，使膝盖贴近地面并紧靠另一只脚的脚跟，上半身前倾，双臂自然垂下，两手小指相对，掌心对准来球，略微向前迎。在触球的瞬间，双手随球的冲击力后撤并屈起手肘、手腕，两臂靠近，将球稳稳地抱于胸前，随后站起。训练开始时，守门员与教练间隔5米面对面而立，并做好接球准备跪撑式接地滚球姿势。教练持球并将其沿地面抛向守门员的方向，守门员则做跪姿接球动作。接住球后，守门员把球抛回给教练，准备进行下一次的练习，教练也可脚内侧踢球传给守门员。

（2）指导要求

①守门员要做好准备姿势，双眼注视来球。

②当球接近时，重心向支撑腿移动，另一条腿跪撑于支撑脚附近，同时两臂前伸迎球。

③守门员跪撑腿膝关节靠近支撑腿之间的距离不可超过球的直径。

④手臂动作要前迎，回抱动作要连贯。

（3）评价目标

能够用正确的跪撑式方法接稳球。

4. 移动中跪撑式接球

（1）训练方法

教练与守门员相对站立，距离5米左右。练习时，教练用脚内侧踢球方法向守门员传地滚球，守门员做跪撑式接球动作练习。熟练后，教练可向守门员身体两侧传球，守门员则在移动中完成跪撑式接球动作练习。

（2）指导要求

①守门员要看准球的运行路线。

②接球时，迅速移动、前迎。

③触球时，身体重心下降，跪撑动作协调。

④接球后，肘关节内收回抱将球接稳。

（3）评价目标

练习者能够正确完成移动中跪撑式接地滚球技术。

5. 接地滚球

（1）训练方法

教练持球站于罚球弧处，守门员位于球门线上，做好各种接球准备姿势。练习时，教练用各种脚法踢地滚球射门，守门员则用直腿式或跪撑式接球方法接住来球。

（2）指导要求

①守门员要注意力集中，保持准备姿势。

②准确判断来球方向及角度。

③脚步动作要灵活，快速移动到位。

④接球时，要保证基本动作和手型正确。

⑤守门员接球后要抱稳球。

⑥每一个动作都要全力以赴，认真完成。

（3）评价目标

练习者准确、熟练完成接地面球技术动作，并能在比赛中熟练使用。

（三）接平空球

1. 原地接平空球

（1）训练方法

守门员身体正对来球，双脚左、右开立，上体前倾，两臂下垂并屈肘前迎，两手小指相靠，手掌对球。当手触球的刹那，两臂后引并屈肘，顺势将球抱于胸前。练习开始时，教练持球与守门员相对站立，距离5米，守门员做接球的准备姿势。教练向守门员抛平空球，守门员做接球动作练习。接球动作熟练后，教练向守门员抛踢球，并加大力度。

（2）指导要求

①守门员应保持准备姿势，双眼注视来球。

②根据来球的高度选择接球的动作方法，当来球低于胸部时，应用伸臂屈肘前迎接球技术动作接球；当来球与胸部同高时，应用抬臂屈肘前迎技术动作接球。

③守门员在触球瞬间，手指和手腕应紧张用力，并屈肘回撤缓冲，将球抱于胸前。

（3）评价目标

练习者能够正确掌握接平空球技术。

2. 向前移动中接平空球

（1）训练方法

教练持球与守门员相距5米，守门员准备姿势站立于教练的对面。练习时，教练一边后退一边向守门员抛平空球，守门员一边向前移动一边准确判断和移动，接各种平空球。

（2）指导要求

①在移动中，守门员要保持准备姿势。

②守门员要根据来球的高度选择以抬臂或伸臂的方式接球。

③守门员接球的手法要正确。
④教练在抛球时要逐渐加大抛球的力量和速度。
⑤守门员在接球时要前迎，接触球后，含胸将球抱稳。

（3）评价目标

练习者在移动中能够接稳来自正前方的平空球。

（四）接高空球

1. 正面接高空球

（1）训练方法

守门员需根据高空球轨迹确定接球点，然后迅速调整身体，确保正面朝向来球；双臂向上伸出迎球，双手拇指形成"8"字形，手指略微屈起，掌心对准来球；触球时，利用手腕和手指的适度力量将球稳稳接住，顺势屈起手肘并回缩，将球稳稳地抱于胸前。开始时，守门员在球门线前方1米的位置站定，教练面对守门员并在距其5米的位置持球，并抛向守门员头顶上方。守门员向上伸出双臂，按照正确的空中接球方法接住球，然后顺应球的动势转腕屈肘下引，将球稳稳抱于胸前，如此反复训练。随着动作熟练度的提升，教练可以不断改变抛球方向，守门员需灵活移动身体，始终保持正对来球，精准完成接球动作。

（2）指导要求

①守门员要始终正面对准来球。
②接球前，守门员双眼注视来球，准确判断接球点。
③接球时，守门员的手指、手腕适当用力，保持正确的手型。
④在接住球后，守门员顺势屈肘、回缩下引，将球抱于胸前。
⑤接球动作连贯。

（3）评价目标

练习者正确完成伸臂接正面高空球技术。

2. 正面跳起接高空球

（1）训练方法

守门员需根据高空球轨迹确定接球点，然后迅速调整身体，确保正面朝向来球，并在合适的时机向上跳起，同时手臂向上伸出迎接来球，两手拇指形成"8"

字形，手指微微弯曲，手掌正对足球；触球时，利用手腕和手指的适当力量将球稳稳接住；随后，顺势屈起手肘并回缩将球下引，转动手腕，将球稳稳地抱在胸前。在训练初期，守门员可进行原地双脚起跳接球练习，待熟练掌握后，可尝试进行单脚起跳接高空球练习。

（2）指导要求

①精准预判球的运行轨迹。

②接球时，上臂要完全伸展，确保跳至最高点以最佳角度接球。

③手型要正确，确保牢牢抓住球。

（3）评价目标

练习者掌握正确的跳起接正面高空球技术。

3. 接来自侧面的高空球

（1）训练方法

守门员站在球门中央，一名教练持球站在球门区一侧，朝着球门用手抛出高空球。守门员准确判断来球轨迹，快速向前移动，一只脚起跳，双臂向上伸出，双手稳固地接住球。此时，另一名教练站在球门立柱附近抛出高空球，守门员将之前接住的球抛出，并迅速向侧方移动，至球门立柱接球。守门员多次练习直至熟练。

（2）指导要求

①守门员要注视教练的动作。

②当教练将球抛出后，守门员要看准来球并迅速移动。

③移动中，守门员要准确判断球的运行路线，并及时起跳，在球运行的最高点将球接住。

④起跳后，守门员要保持接高空球的身体姿势和手型，接稳来球。

⑤接球后，守门员立即准备下一次接球准备姿势。

（3）评价目标

练习者正确掌握接来自侧方的高空球技术。

4. 接来自正面的高空球

（1）训练方法

安排多个练习者站在罚球区线的不同位置，守门员则站在球门前，严阵以待。

训练开始时，练习者根据教练口令，依次向球门传出高空球。此时，守门员需快速反应，精确预判球飞行的轨迹，移动到合适位置，并在球运行至最高点时准确接住。

（2）指导要求

①练习者在传球时需以动作或声音示意守门员。

②守门员要正对来球方向站立。

③当球被踢出后，守门员须紧盯来球，迅速调整位置进行接球。

（3）评价目标

练习者熟练完成移动中跳起接高空球技术。

（五）扑接地面球

1. 侧倒接球

（1）训练方法

守门员先做好跪姿准备，教练则在距离守门员约3米处将球抛出，守门员需以正确的手型伸出双臂接球，并将球回收至胸前。随后，守门员顺势向一侧倒地。这一动作反复练习，直至守门员熟练掌握。之后，守门员可改为蹲姿或基本站位姿势再次反复练习。

（2）指导要求

①教练需将球抛至守门员头部的上方，使守门员能够充分伸展双臂接球。

②注意接球与回收动作的连贯衔接与协调。

③以正确手型接球，并且必须牢牢抓住球。

④顺势倒地时，球应紧抱于胸前。

⑤完成侧倒动作后，守门员需迅速恢复到准备动作。

（3）评价目标

练习者掌握正确的侧倒接球技术。

2. 侧倒扑接身体两侧的地滚球

（1）训练方法

若来球为左侧低球，守门员需将左腿膝关节微屈，向左侧跨出一步，随之身体向左倾斜倒下，先左脚触地，再依次以小腿、大腿、臀部、上体及手臂外侧着地。在此过程中，双臂需前伸，左手掌心需正面对准来球，右手则位于左手前上方，双手手腕微向内弯曲。触球后，守门员要迅速将球收至胸前并抱稳。练习时，教练持球站在守门员前方约 5 米处，朝着守门员左侧或右侧 2 米的位置抛出地滚球。守门员需准确判断来球轨迹，迅速侧身倒下并扑接住球。当守门员逐渐熟练掌握动作后，教练可适当增加抛球难度，朝着守门员身侧更远的位置抛球。

（2）指导要求

①做准备姿势时，守门员应稍微降低身体重心，手臂自然张开放在身体两侧。

②守门员要密切关注教练的踢球动作，紧盯来球，以确保准确判断球的运行轨迹和速度。

③教练在踢球时，要逐渐加大力量，增加球的速度。

④当球被踢出后，守门员要快速调整身体重心，向来球一侧移动。

⑤在扑接球的过程中，守门员需充分伸展手臂，要迅速、稳固地将接到的球收回至胸前，确保球不脱手。

⑥扑接球时，守门员应保持正确的手部动作和手型。

（3）评价目标

练习者掌握正确的侧倒扑接身体两侧地滚球技术。

3. 移动中侧倒扑接地滚球

（1）训练方法

守门员需站立，做好准备姿势。两名教练一左一右站在距离守门员 5 米的位置，并且彼此之间的距离也为 5 米。先由右侧教练朝着守门员左侧前方的位置踢出地滚球，守门员快速移动身体，侧身倒下并扑接住球，然后将球抛还。左侧教练在守门员接住球后，立刻朝着其右侧前方踢球。守门员抛还球后，迅速移动以扑接来球。此过程需反复练习，直至熟练掌握。

（2）指导要求

①守门员应时刻关注教练的踢球动作，双眼始终注视球的动向。

②在移动过程中，需注意后脚的跟进速度。

③当球射来时，需用另一侧脚用力侧蹬，同时同侧脚膝关节屈起，向斜前方向跨出迎球，上半身顺势加速倒地。

④注意做出正确的伸臂动作和扑接球的手型。
⑤接球后，需注意保护好球。
⑥在反身扑接球时，守门员的上半身需及时转动以带动整个身体的转动。
（3）评价目标
练习者能够在移动中正确完成侧扑地滚球技术。

4. 侧身扑救远离身体的地滚球
（1）训练方法
在守门员身体一侧大约3米远的位置放置实心球作为标志物，教练站在距离守门员大约10米的位置，朝着实心球处踢地滚球。守门员先完成一个侧滑步，再迅速侧身扑救来球。随着熟练度的提高，教练可改变自己和实心球的位置，以及逐渐增加踢球的力度。

（2）指导要求
①教练在抛踢球的同时，需用口令进行提示。
②守门员在移动中需始终盯住来球。
③扑接球时，守门员要用另一侧腿用力蹬地，从而让身体更快更远地跃出。
④在身体跃出后，守门员需以同侧的手带动身体充分伸展，拦挡来球；另一只手将球下按，将球接稳。
⑤侧身扑出后，守门员要依次以前臂、肩部、上体侧面和下肢着地。
⑥接住球后，守门员需迅速将球收到怀里。

（3）评价目标
练习者能够侧跃扑接身体两侧2～3米的地滚球。

5. 侧扑进攻者的单刀球
（1）训练方法
发球点球平行线的4个位置各放一个球。守门员在球门线处站定，做好准备姿势。教练在第一个位置开始运球尝试突破射门。守门员集中注意力，认真观察和判断教练的动向，身体前迎，努力在球门外侧扑接住球。接住球后，守门员快速回位，准备迎接教练在第二个位置的运球突破和射门。

（2）指导要求
①守门员要全神贯注地观察教练的运球方向，并主动上前迎球。

②在移动过程中，守门员需保持双手张开，降低身体重心，随时准备扑接球。

③扑球的时机至关重要，守门员需准确判断，果断采取行动。

④守门员应避免犹豫或回撤，否则会影响出击的效果和效率。

⑤在扑球时，守门员需注意动作的正确性，避免多余的动作导致受伤。

⑥在练习初期，教练需稍微降低难度，配合守门员完成技术动作。

（3）评价目标

练习者能够果断、准确地扑住进攻者的单刀球。

6. 培养守门员防住人球分过或从胯下穿过的球的能力

（1）训练方法

教练运球逐渐靠近守门员，当距离较近时，突然人球分过，尝试晃过守门员，带球突破。守门员要看准球的运行轨迹，迅速转身并向侧后方倒地扑救，将球稳稳接住。如果守门员双腿之间的空隙足够大，则教练可以运球使之从守门员胯下穿过，此时，守门员仍需采取上述动作扑接球。

（2）指导要求

①守门员前迎时，应保持随时做出扑球的准备姿势。

②守门员出击过程中，应始终注视教练的运球动作。

③当球从守门员身体侧方或胯下通过的一刹那，守门员要靠上体转动和脚的蹬地带动身体，迅速完成向侧后倒地扑球动作。

④扑到球后，守门员应注意保护球。

⑤教练拨球的速度要由慢到快，配合守门员掌握技术动作。

（3）评价目标

能够防住人球分过，不让进攻队员突破。

7. 培养守门员连续扑接地滚球的能力，提高反应能力

（1）训练方法

放置两个间距为 8 米的旗杆作为球门，教练分别位于球门前后与之相距 10 米的位置，守门员则在球门中间。球门前方的教练朝着球门两侧踢出地滚球，守门员迅速侧扑接球，将球稳固地抱在胸前，随后迅速转身扑接球门后方教练踢出的地滚球。此外，在扑接球前，守门员还可做一个前滚翻的动作。

（2）指导要求

①守门员的注意力应保持高度集中，随时能够做出扑球动作。

②守门员应双眼注视踢球队员的动作，及时做出判断。

③守门员靠近来球时，一条腿应快速上提，破坏身体平衡，保证身体能够迅速侧倒。

④守门员扑接球时，应使用正确的动作。

⑤扑接球后，守门员应迅速转身站位，随时准备扑接第二个球。

（3）评价目标

练习者能够正确、快速、连续完成扑接球技术动作。

8.提高守门员在左右快速移动中侧身扑接地滚球的能力

（1）训练方法

放置两个间距为8米的旗杆作为球门，两名教练分别持球站在旗杆前后两侧，同时向前运球，接着转身运球来到与守门员相距大约15米的位置，朝着球门两侧一先一后进行射门。守门员快速侧身扑接，将球稳稳抱住，再快速转身侧身扑接，进行多次练习。

（2）指导要求

①守门员应保持注意力高度集中。

②守门员要看准进攻者，快速向球门方向移动。

③扑接球时，守门员要保证动作准确。

④进攻者依次射门，并且要等守门员返回两个球门之间后，再进行下一次射门。

⑤练习过程中，守门员在移动时要有前迎动作，封堵进攻者的射门角度。

（3）评价目标

练习者掌握移动中扑接地滚球技术。

（六）扑接空中球

1.鱼跃扑侧面地滚球

（1）训练方法

如果对方踢出的球与守门员之间的距离仍比较远，那么守门员要降低身体重心，同时将来球方向一侧的脚用力蹬地向侧前方跃出，挺起胸膛，舒展身体，手臂快速向上伸出，左右手拇指自然分开，掌心对准来球，以鱼跃姿势扑向球。触球时，手指与手腕需用力，屈起手肘，下扣手腕，将球稳稳地抱在胸前。落地时，守门员需以双手按球，依次使前臂、肘部、肩部、身体侧面、臀部、大腿、小腿着地，与此同时屈起膝关节团起身体以维持平衡。练习时，守门员站稳，做好准备姿势，教练持球与守门员相对，站在其前方大概5米处，向其侧方抛出地滚球，守门员顺势侧倒地扑接球，将之稳稳地固定在胸前，然后起身将球抛回，如此反复练习。

（2）指导要求

①教练要合理控制抛球力度，逐渐加大抛球力度，提高抛球速度。

②守门员在跨步时需注意重心稳定。

③接球时双臂要前伸，做出正确的手型。

④接球后需回收双臂将球稳固抱在胸；在跨步扑出时，守门员移动身体重心至同侧，另一侧脚用力蹬地，这样身体自然顺势腾空落地。

（3）评价目标

练习者掌握正确的鱼跃扑侧面地滚球技术。

2. 侧身鱼跃扑接半高球

（1）训练方法

守门员根据来球轨迹，采取交叉步灵活移动，降低身体重心后用力蹬地跃向侧面，身体自然展开的同时伸出双臂，左、右手拇指靠近，其余手指自然张开，掌心对准来球。触球时，采用扣腕动作接稳。落地时，双手向下按球，随后依次控制前臂、上臂、肩部、上体侧面及下肢着地，与此同时，屈起手肘、转动手腕，将球稳固地抱于胸前并屈起膝盖，团住身体。练习时，守门员站稳，做好准备动作。教练持球位于守门员前方5米左右的位置，向其左侧或右侧抛半高球，守门员侧身鱼跃在落地前接住球，反复练习后逐渐增加难度。

（2）指导要求

①守门员需全神贯注于来球并听从教练指令。

②球抛出后，守门员要用另一侧脚用力蹬地，并且双臂迅速向侧前方伸出，带动身体腾空。

③守门员在空中要尽可能自然展伸以扩大防守面积。

④守门员注意以正确手型接球，并做好落地时的保护。

⑤教练抛或踢球要平稳，逐步增加力度和距离。

（3）评价目标

完成正确的侧身鱼跃扑接半高球技术。

3. 提高守门员侧身鱼跃扑接半高球的能力

（1）训练方法

放置两个间距为 8 米的旗杆作为球门，教练分别位于球门前后与之相距 15 米处，守门员则在球门中间。教练相继朝着球门的左侧或右侧射出半高球，守门员迅速侧身鱼跃接球。随后，守门员迅速转身接第二个半高球。如此反复练习。

（2）指导要求

①教练与守门员之间要间隔一定距离。

②守门员需紧盯来球方向和轨迹，并有力蹬地以获得腾空高度。

③守门员在空中要充分伸展身体，并且伸出手臂。

④守门员接球的手型应正确并保护好自己。

⑤在接住球后，守门员应将球按在怀中，以正确的动作落地。

（3）评价目标

练习者掌握侧身鱼跃扑球技术。

4. 在移动中侧身鱼跃扑接球

（1）训练方法

放置两个间距为 8 米的旗杆作为球门，教练分别位于球门前后与之相距 15 米处，守门员则在球门中间。在正面的教练运球发起进攻，并向球门左侧或右侧处射半高球时，守门员需迅速调整身体动作，以侧身鱼跃动作接球，并将其接稳、抛回。随后，守门员转身以同样的方法扑接另一个教练的射球。如此反复练习。

（2）指导要求

①守门员需时刻关注进攻者的动作。

②教练通过口令对守门员进行提示。

③守门员高高跃起，在空中充分伸展身体以接住来球。

④教练须尽可能配合守门员的行动，以便其做完、做好动作过程。

⑤注意落地动作，以免受伤。

（3）评价目标

练习者能够正确掌握移动中侧身鱼跃扑接半高球技术。

5. 移动中返身鱼跃扑接球

（1）训练方法

在守门员右侧放置实心球，教练站在与守门员相距 5 米的位置，先发出口令，再向实心球右侧抛出半高球。守门员根据口令，立刻移动向实心球左侧，看到球被抛出后，快速调整身体，返身鱼跃向实心球的另一侧扑接球；在熟练掌握动作后，换到另一侧进行动作练习。

（2）指导要求

①在移动过程中，守门员需双眼紧盯教练的动作。

②当球被抛出后，守门员要准确判断来球运动轨迹，并用相反一侧的脚停止动作，用力蹬地使身体返身跃出。

③当守门员与实心球的距离过远时，教练要提示守门员快速调整起跳步点。

④守门员保持正确的动作是关键。

⑤教练在抛球时，要提示守门员。

⑥教练抛球或抛踢球的力量应由小到大、由近到远。

（3）评价目标

练习者能够正确掌握移动中返身鱼跃扑接球技术。

第三节　青少年足球运动员战术训练

一、战术组合训练

（一）斜传直跑

1. 训练方法

练习者每两人为一组，两人之间保持 8~10 米的距离，一人持球，另一人沿着直线跑动。持球练习者斜传球，另一个练习者再将球斜传给对方，一直交替传球，直到终点，再返回练习至起点。在这个过程中，练习者要一直直线跑动。

2. 指导要求

①练习者要结合彼此的速度，以合适的力度和方向传球，一般而言，最好的斜传角度为 40°~50°。

②直线跑动过程中，要做出摆脱动作，形成习惯。

③练习时，可适当放慢跑动和传球的速度，并允许接球后再传球。同时，要练习尽可能多的脚法。

④为帮助练习者更好地掌握传球方向，可在训练路线上放置一排两两间隔 6~8 米的木杆。

3. 评价目标

练习者的左、右脚都能运用多种脚法，较好地控制传球的力量和方向，明确直线跑动的作用。

（二）直传球斜线跑动

1. 训练方法

练习者每三人为一组，呈三角形站立，练习者 B 面对练习者 A，站在练习者 C 一侧。其中，练习者 A 持球相距练习者 C 相距 5~6 米，练习者 B 与练习者 A 相距 8~10 米。练习时，练习者 B 横向跑动接练习者 A 的直传球，练习者 A 斜线快速启动跑至练习者 B 原来的位置，练习者 B 接球后再做直线回传球到练习者

A原来的位置，练习者C横向跑动接球，练习者B斜线跑向练习者C原来的位置，练习者C再做直线传球至对面，练习者A横向跑动接球，如图5-3-1。如此重复练习到规定次数。

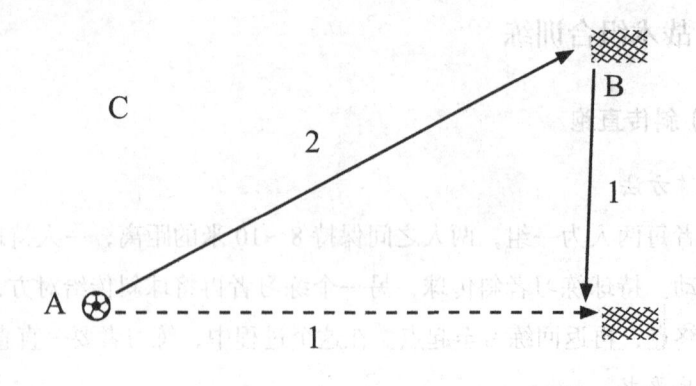

图5-3-1 直传球斜线跑动

2.指导要求

①传球力度要适中。

②要注意做摆脱跑位的动作。

③务必使用左、右脚传球。

④可在罚球区横线附近练习，以便练习者有明确的方向感。

3.评价目标

练习者有明确的位置和方向感，左、右脚回传球准确。

（三）二次跑位反切跑动

1.训练方法

练习者每两人为一组，一人持球，并且两人之间保持6～8米的距离。持球练习者于球门线处直传球并向对方方向斜线跑动，另一个练习者向球的方向斜线跑动接应，两人交叉换位。无球练习者靠近球后向前直传，持球练习者在无球练习者接触到球的瞬间，反切跑动靠近球并直传，两人交替传球直到中线位置。

2. 指导要求

①传球和跑位前要抬头观察。

②结合队友速度,合理控制传球力道,注意改变跑动方向,用左右脚连续传球。

③反切前不可放慢速度,要看准时机;给反切队友传球前,应当做假动作。

3. 评价目标

练习者应明确反切跑位的作用,左、右脚都能结合假动作传球,并且准确、到位。

(四)局部反切配合

1. 训练方法

在场地中确定 A、B、C 三个点,彼此相距 10~12 米,并且形成三角形。B、C 点之间远离 A 点的位置放置障碍物,安排 6 个练习者为一组,每两个人一前一后排列站在一点。A 点排头练习者将球传给 B 点排头,B 点排头练习者将球回传并随球跑到 A 点排尾,C 点排头练习者沿直线向障碍物跑动。A 点排头练习者将球传给正在跑动的 C 点排头练习者并跑到 C 点排尾。C 点排头练习者在接球后,运球绕过障碍物,将其传给位于 B 点的队友,再到 B 点排尾。B 点的队友将球传给现在 A 点位置的排头练习者,并跑向 A 点排尾……进行循环练习,如图 5-3-2 所示。

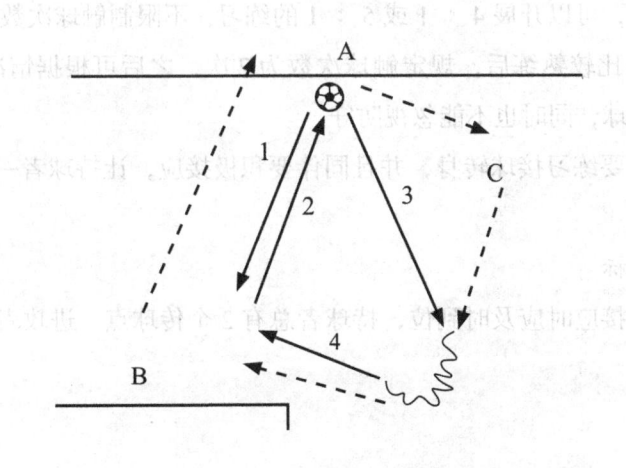

图 5-3-2 局部反切配合

2. 指导要求

①讲清楚回传和前插的关系，明确传球和跑动的时机。

②要直接传球，不可停球，并且传球要准确，以免影响配合的质量。

③要迎球跑动接应，在 C 点的练习者摆脱前插的时机应该是 B 点练习者回传的同时；要结合练习者的场上位置进行练习。

3. 评价目标

练习者应理解传球与前插跑动的关系，传球准确，练习过程流畅。

二、战术对抗训练

（一）以少打多及提升防守意识

1. 训练方法

划出一块长 40 米、宽 15 米的场地，设置一个球门，安排一个守门员，将九个练习者分为一个五人组和一个四人组，五人组负责进攻，四人组负责防守。在练习时，守门员将球传出，发给位于底线的进攻者，进攻者控球后组织进攻，双方开展对抗练习。实施越位规则，攻方丢球就转变成守方，守方不用射门，运球过攻方底线即可，进行交替反复练习。

2. 指导要求

①规定场地范围，不可随意扩大。

②开始时，可以开展 4∶1 或 5∶1 的练习，不限制触球次数。

③练习得比较熟练后，规定触球次数为 2 次，之后可根据情况调整为 1 次。练习者既要看球，同时也不能忽视防守。

④接应者要练习接球转身，并且同伴要积极接应，让持球者一直有 2 个传球点可以选择。

3. 评价目标

练习者在接应时应及时到位，持球者总有 2 个传球点。进攻者能兼顾球和防守者。

（二）二过二配合

1. 训练方法

划出一块长 20 米、宽 15 米的场地，设置两个小球门，将八个练习者分为四组，一组为进攻方，另一组为防守方，剩下两组在球门内，开展 2∶2 对抗性练习。球门内的一个练习者开球，进攻方的两个练习者切传配合，突破防守方的防守，在后场之外的地方射门，射门成功则与防守方球门内的两个练习者交换位置，由他们作为进攻方进行配合过人射门练习，如果被防守方的练习者断球，就转变为防守方防守，而防守方变为进攻方，直到一组成功射门，与守球门的组互换位置练习。

2. 指导要求

①要结合具体情况，灵活地进行二过二配合，使队友了解和把握摆脱与传球的时机，理解战术意图。

②配合队友过人时，不能过于机械，要随机应变，应提前想出至少两种行动方案。

③防守者应尽可能人盯人。

④在相互配合时，要呼应对方。教练不能置身事外，要多观察、讲解和示范。

3. 评价目标

练习者能灵活地进行二过一配合，成功率高，攻守转换迅速。

（三）保护与补位

1. 训练方法

十名练习者分成两组，在 25 米 ×30 米的场地上进行 5∶5 练习。

2. 指导要求

①练习之初，教练要讲解防守者该怎样站位和选位，使练习者理解背后的原因。

②第二阶段练习中，防守者要注意及时防守和补位，理解防守的层次性。

③防守者要注意观察和发现进攻者无队友接应和只有一个传球点的情况，并

尽快在局部与队友配合对其进行紧逼和围抢。

④由攻转守时，最接近球的练习者要快速抢球，阻止对方快攻；队友则快速到合适位置进行防守。

3. 评价目标

练习者保护位置选择合理，补位及时到位；频繁转换攻守时，防守队形不混乱。

参考文献

[1] 夏青，焦岩，张辉辉. 青少年足球教学与训练理论研究 [M]. 延吉：延边大学出版社，2020.

[2] 邓毅. 青少年足球学练技巧一本通 [M]. 长春：吉林出版集团股份有限公司，2022.

[3] 李冬. 青少年足球课程建设与发展研究 [M]. 延吉：延边大学出版社，2020.

[4] 刘卫民. 青少年足球运动人才发展环境研究 [M]. 武汉：华中师范大学出版社，2020.

[5] 何勇. 中国青少年足球发展及人文环境构建研究 [M]. 长春：东北师范大学出版社，2017.

[6] 冯爱民. 青少年足球运动与健康教育 [M]. 成都：电子科技大学出版社，2017.

[7] 掌玉宏. 现代足球训练理念与青少年足球训练实践 [M]. 长春：吉林大学出版社，2016.

[8] 蔡志强. 青少年足球实战技巧与训练 [M]. 北京：现代出版社，2016.

[9] 冯伟. 青少年足球人才发掘与培养探究 [M]. 长春：吉林大学出版社，2015.

[10] 刘艳明. 现代青少年足球运动训练研究 [M]. 长春：吉林人民出版社，2012.

[11] 陈昌祥，李君洋. 中国与欧洲足球发达国家青少年足球训练理念比较与启示 [J]. 长江大学学报（社会科学版），2024，47（3）：103-109.

[12] 包凯晨. 青少年足球训练中游戏对抗训练模式的有效运用 [J]. 新体育，2024（8）：34-36.

[13] 崔泽峰，王伟. 我国青少年足球训练理念构建初探 [J]. 体育世界，2023（1）：116-118.

[14] 马超. "自我效能"理论在青少年足球训练中的运用研究 [J]. 文体用品与科技，2022（18）：103-105.

[15] 赵文艺. 核心稳定性训练在青少年足球训练中的应用探究 [J]. 拳击与格斗，2022（9）：34-36.

[16] 沈志新.多措并举推动青少年校园足球文化建设[J].文化产业，2024（2）：85-87.

[17] 田德林，刘波，任朝阳.青少年运动员有氧耐力训练影响因素研究[J].青少年体育，2023（8）：53-54.

[18] 屠甜，车旭升.韩国校园足球后备人才培养模式与启示[J].青少年体育，2023（8）：112-113.

[19] 陈妮，魏毓青.体教融合视域下青少年校园足球发展策略[J].湖北体育科技，2023，42（7）：654-658.

[20] 游贵兵，向军.我国青少年足球多元主体协同治理的动力机制研究[J].青少年体育，2023（4）：56-58.

[21] 王传喜.校园足球特色学校训练体系及功能优化研究[D].天津：天津体育学院，2023.

[22] 霍家龙.我国青少年校园足球高质量发展研究[D].苏州：苏州大学，2023.

[23] 郑桂楠.初中生足球运动乐趣的理论构建、现实状况与提升策略研究[D].杭州：杭州师范大学，2023.

[24] 张宁.身体功能性训练对提高青少年足球运动技能的实证研究[D].长春：吉林体育学院，2023.

[25] 姜新泽.中英足球后备人才培养体系比较研究[D].延吉：延边大学，2022.

[26] 卞昶懿.青少年校园足球运动员运动损伤成因、特征及防控研究[D].长春：吉林大学，2022.

[27] 李炎滨.创新发展背景下新型足球学校若干问题研究[D].武汉：武汉体育学院，2021.

[28] 李震.相对年龄效应对足球比赛中青少年运动员运动表现分析影响的研究[D].上海：上海体育学院，2020.

[29] 梁伟.校园足球可持续发展的系统分析与评价研究[D].上海：上海体育学院，2015.

[30] 牛志培.青少年足球运动员的群体凝聚力：结构及训练比赛满意感的关系[D].北京：北京体育大学，2012.